KEDA BLACK

Sunday MEAL PREP

KEDA BLACK

Sunday MEAL PREP

Sonntags 1 bis 2 Stunden vorkochen – und das Abendessen steht von Montag bis Freitag blitzschnell auf dem Tisch

riva

Was versteht man unter Meal Prep?

»Meal Prep« oder auch »Batch Cooking« beschreibt das Vorkochen größerer Mengen für mehrere Tage.
Konkret bedeutet dies, dass man sich sonntags etwa zwei Stunden lang in die Küche stellt, nachdem man beispielsweise samstags auf dem Markt eingekauft hat. Bei der Verarbeitung der Einkäufe wird ein Großteil der anfallenden Arbeit erledigt, sodass man unter der Woche dann nur etwa zehn Minuten benötigt, um das Abendessen vorzubereiten.

3

Drei gute Gründe, auf Meal Prep umzustellen

WENIGER STRESS

Es kann wunderbar sein, jeden Tag ein paar kleine Einkäufe zu tätigen oder sich vom Inhalt des Kühlschranks inspirieren zu lassen. Doch unter der Woche lässt sich dies nicht immer gut mit der zur Verfügung stehenden Zeit vereinbaren.
Mit Meal Prep ist alles vorausgeplant, da gibt es keine Ausflüchte.

GESÜNDERES UND HAUSGEMACHTES ESSEN

Durch die gute Planung können Sie jeden Tag ein hausgemachtes Essen auf den Tisch bringen, auch wenn es nur ganz einfach ist. So vermeiden Sie es, viel zu häufig auf Fertiggerichte oder Tiefkühlkost zurückzugreifen oder beim Lieferservice zu bestellen.

WENIGER ABFALL

Alles, was Sie einkaufen, wird auch verwendet. Frische Produkte werden schnell verarbeitet, insbesondere Gemüse, das somit weniger Platz im Kühlschrank einnimmt und nicht im Gemüsefach verschimmelt.

INHALT

SO NUTZEN SIE DIESES BUCH

1. Speiseplan der Woche

2. Die Bilanz der sonntäglichen Kochaktion

Liste der Wochengerichte

Tipp für Vegetarier

Sonntags in der Küche verbrachte Zeit

Die beste Jahreszeit für diesen Speiseplan

Auf dem Foto sehen Sie alles, was Sie an diesem Sonntag vorbereitet haben

Gefäße für die Aufbewahrung

Die Kochutensilien

Tipp für den Austausch einer Zutat

3. Die komplette Einkaufsliste

Angabe der Woche

Alle benötigten Zutaten, geordnet nach Kategorien

Ein Foto jeder Zutat

Grundzutaten aus dem Vorratsschrank

4. Arbeitsschritte am Sonntag

Die Arbeitsschritte in der Küche sind nummeriert, um Ihnen das Vorgehen zu erleichtern

Anschauliche Abbildungen illustrieren die einzelnen Schritte

Die für jeden Arbeitsschritt benötigte Zeit

woche 01 **Sonntag**

1. Vorbereitende Arbeiten

Butter aus dem Kühlschrank nehmen, damit sie etwas weicher wird. Den Hokkaidokürbis abbürsten, entkernen. Petersilie waschen, abtropfen lassen. Karotten, Kartoffeln und Süßkartoffeln schälen. Karotten, Süßkartoffeln und Hokkaido in große Würfel schneiden. Die Kartoffeln waschen und in große Würfel schneiden. In einer Dose in kaltes Wasser legen (damit sie nicht schwarz werden).
→ DOSE → KÜHLSCHRANK
Den Salat waschen, abtropfen lassen. **→ GESCHIRRTUCH → KÜHLSCHRANK** Den Knoblauch und die Zwiebeln schälen. Zwiebeln in dünne Scheiben schneiden. Die Petersilienblätter abzupfen.
→ DOSE ODER GESCHIRRTUCH → KÜHLSCHRANK Die Stiele aufheben.

2. Knoblauchbrot

15 Min.

Den Backofen auf 150 °C vorheizen.
KNOBLAUCHBUTTER → der Petersilie mit 2 geriebenen Knoblauchzehen und der Butter im Standmixer mixen.
DIE BAGUETTES halbieren, dann jede Hälfte im Abstand von 2–3 cm einschneiden. In jede Schnittstelle Kräuterbutter streichen. Je 2 Hälften in Backpapier wickeln, mit Bindfaden zubinden. 1 verpacktes Baguette einfrieren. Das andere 30–40 Minuten im Backofen backen. Abkühlen lassen, das Paket öffnen, die Scheiben trennen, abkühlen lassen und in dem Papier einwickeln oder in eine Dose geben. **→ VORRATSSCHRANK**

3. Eiercreme

20 Min.

KARAMELL 200 g Zucker in einen kleinen Topf geben, nur so viel Wasser zugeben, dass der gesamte Zucker leicht feucht ist. Unter ständigem Beobachten erhitzen, bis der Zucker eine Karamellfarbe annimmt (170 °C auf dem Thermometer). Ein Gefäß oder das Spülbecken mit kaltem Wasser füllen und den Topf hineinstellen, sobald das Karamell fertig ist, um den Kochvorgang zu beenden. Vorsicht, sehr heiß! Masse in eine ofenfeste Form umfüllen, diese am Rand halten und sofort nach allen Seiten leicht schwenken, damit der Boden mit Karamell überzogen wird.
MILCH 1 Liter Milch mit 1 in der Mitte aufgeschlitzten Vanilleschote in einem Topf erhitzen. 8 Eier in eine große Schüssel aufschlagen. 150 g Zucker zugeben und schlagen, bis die Masse weißlich wird. In der Milch das Vanillemark mit einem Messer aus der Schote kratzen (Schote spülen, trocknen lassen und in einen Zuckertopf legen).
GAREN Die beinahe kochende Milch über die Zucker-Eier-Machung gießen und mit dem Schneebesen schlagen. Die Masse in die ofenfeste Form gießen. Die Form auf das tiefe Backblech stellen und dieses bis auf halbe Höhe mit heißem Wasser füllen. Creme 40 Minuten im Ofen backen: Die Oberseite soll goldgelb sein. Abkühlen lassen. **→ MIT FRISCHHALTEFOLIE ABDECKEN → KÜHLSCHRANK**
Innerhalb von 3 Tagen verzehren.

16

4. Kichererbsen

10 Min.

ZWIEBELN 1 großen Topf für die Suppe, 1 Pfanne oder Schmorpfanne für die Kichererbsen und 1 Schmortopf für den Rindereintopf bereitstellen. In den Schmortopf 3 EL Öl geben, die Zwiebeln mit 1 Prise Salz zugeben. Bei mittelschwacher Hitze 6–7 Minuten garen. Die Zwiebeln auf die 3 Kochgeschirre verteilen: 1/3 für die Suppe, 1/3 für die Kichererbsen und 1/3 bleibt im Schmortopf.
TOMATEN UND KICHERERBSEN Die Pfanne bei mittlerer Hitze auf den Herd stellen, 2 geriebene Knoblauchzehen zugeben, 1 Minute rühren. 2 TL der indischen Gewürzmischung und Salz zugeben und wieder rühren. 2 Dosen Tomaten zugeben, rühren und dabei die Tomaten mit dem Holzlöffel zerdrücken, falls ganze Tomaten verwendet wurden. Die abgetropften Kichererbsen zugeben, die Temperatur herunterschalten und alles ca. 10 Minuten köcheln lassen. Abkühlen lassen.
→ DOSE → KÜHLSCHRANK

5. Suppe

20 Min.

Den Topf für die Suppe bei mittlerer Hitze auf den Herd stellen, die Süßkartoffeln, 1 Karotte und die Kürbiswürfel zugeben, umrühren und 1–2 Minuten anbraten. So viel Wasser zugießen, dass alles gerade bedeckt ist, 2 Brühwürfel zugeben und alle Petersilienstiele. Suppe zum Köcheln bringen, dann zugedeckt bei milder Hitze 25 Minuten köcheln lassen. Die Hälfte der restlichen Petersilienblätter in die Suppe geben, rühren und die restliche Milch zugießen. Falls nötig salzen und pfeffern. Die Suppe abkühlen lassen. **→ DOSE → GEFRIERTRUHE**

6. Schmortopf

20 Min.

SCHMORTOPF Das Fleisch, 7 Sardellenfilets, 5 geriebene Knoblauchzehen, 2 Dosen Tomaten und das Tomatenpüree, 1 Prise Zucker, 3 Thymian- oder Oreganozweige, die restlichen Petersilienstiele, 2/3 der Oliven und 1 gewürfelte Karotte in den Schmortopf geben. Zugedeckt auf dem Herd zum Köcheln bringen. Dann 3–4 Stunden bei 130 °C in den Backofen schieben. (Sie müssen sich nicht weiter darum kümmern und können inzwischen etwas anderes machen.) Der Schmortopf ist fertig, wenn das Fleisch zart und gar ist. Komplett erkalten lassen.
→ SCHMORTOPF ODER DOSE → KÜHLSCHRANK RINDERSAUCE ¼ des fertigen Schmortopfes entnehmen. Mit den getrockneten Tomaten, den restlichen Oliven und 1 Handvoll Petersilie mit einem Messer klein hacken. **→ DOSE → KÜHLSCHRANK**

7. Caesar-Dressing

5 Min.

1 Ei in den Standmixer aufschlagen, 1 geriebene Knoblauchzehe, 2 TL Zitronensaft, 2 Sardellenfilets, 1 TL Senf und 1/3 der restlichen Petersilie zugeben und mixen. Dann nach und nach bei laufendem Mixer 150 ml Olivenöl und 1 EL des Sardellenöls unterrühren. Wer keinen Standmixer oder Pürierstab hat, bereitet das Dressing ohne die Sardellenfilets mit dem Schneebesen zu. Die Sardellen dann sehr fein hacken und in das Dressing rühren. Pfeffern.
→ DOSE → KÜHLSCHRANK

17

Zwischendurch erfahren Sie jeweils, wie Sie das Zubereitete am besten aufbewahren

ANWEISUNGEN

→ MIT FRISCHHALTEFOLIE ABDECKEN

→ DOSE:
In eine Dose packen

→ GESCHIRRTUCH:
In ein Geschirrtuch wickeln

→ BEUTEL:
In einen Beutel packen

→ KÜHLSCHRANK:
Im Kühlschrank aufbewahren

→ KÜHLTRUHE:
In der Kühltruhe aufbewahren

→ VORRATSSCHRANK:
Bei Zimmertemperatur im Vorratsschrank aufbewahren

5. Für jeden Abend unter der Woche

Ein Foto des fertigen Gerichts

woche 01 **Montag**

woche 01 **Dienstag**

Rinderschmortopf mit Kartoffeln und Salat

Fertig in 30 Min., davon 10 Min. Küchenarbeit

RINDERSCHMORTOPF Bei mittelschwacher Hitze erhitzen.
KARTOFFELN Die im Kühlschrank aufbewahrten Kartoffeln abtropfen lassen, in einen Topf geben, mit reichlich kaltem Wasser bedecken, grobes Salz zugeben, aufkochen lassen und Kartoffeln dann in 20–25 Minuten weich köcheln.
Den Rinderschmortopf mit den Kartoffeln und mit Salat servieren.

18

Caesar Salad, Knoblauchbrot

Fertig in 20 Min., davon 10 Min. Küchenarbeit

EIER 4 Eier (bei sehr großem Hunger 8 Eier) in einen Topf legen, mit Wasser bedecken, aufkochen und Eier 4 Minuten kochen lassen. Die Eier herausnehmen, mit kaltem Wasser abschrecken, dann pellen.
SALAT Die Salatblätter zerzupfen und in eine Schüssel geben.
ANRICHTEN Das Dressing über den Salat gießen, alles gut mischen, die halbierten Eier darauf anrichten, einige Sardellenfilets und Parmesanspäne (einige für Donnerstag aufheben) über dem Salat verteilen. Das Knoblauchbrot dazu reichen.
FÜR MITTWOCH UND DONNERSTAG Den Spinat aus der Gefriertruhe nehmen und in den Kühlschrank stellen.

19

Der Titel des Rezepts

Angabe der Zubereitungszeit und der Zeit, die Sie aktiv aufwenden müssen

Was Sie noch tun müssen

PRAKTISCHE HINWEISE

DIE BEHÄLTNISSE

Dosen und Gläser

Wenn möglich, sollten Sie Glasbehältnissen den Vorzug vor Kunststoff geben: Denn Glas hält ein Leben lang, und Kunststoff kann Schadstoffe enthalten, die möglicherweise in die Lebensmittel übergehen, insbesondere wenn diese fett oder warm sind. Bevorzugen Sie Kunststoffe der Klassen 2, 4 und 5, da diese normalerweise keine Giftstoffe aufweisen. Zum Einfrieren eignet sich Kunststoff besser. Denn durch das Einfrieren vergrößert sich das Volumen von flüssigen Inhalten, sodass ein Glasgefäß zerspringen kann.

Kleine und große Schüsseln sowie Platten

Sie können natürlich auch alle möglichen Schüsseln und Platten verwenden und diese mit einem Teller oder einem Bienenwachstuch (Tutorials für deren Herstellung sind auf YouTube zu finden) abdecken, anstatt große Mengen Frischhalte- oder Alufolie zu verwenden.
Dies ist die einfachste und preiswerteste Lösung, aber nicht unbedingt praktisch, weil diese Behältnisse im Kühlschrank viel Platz wegnehmen.

Gefrierbeutel

Wiederverwendbare Beutel sind für Kräuter und Salate ideal, sie bleiben darin wunderbar frisch. Achten Sie dabei auf »saubere«, also möglichst fettfreie Inhalte, um die Beutel problemlos wiederverwenden zu können.
Für alle anderen Zubereitungen wählen Sie am besten Behältnisse, die sich gut spülen lassen.

Wie viele Behältnisse brauchen Sie?

Für jeden Speiseplan in diesem Buch benötigen Sie im Schnitt:
- vier bis fünf Behältnisse mit 300 ml Fassungsvermögen
- vier bis fünf Behältnisse mit 750 ml Fassungsvermögen
- vier bis fünf Behältnisse mit 1 ½ l Fassungsvermögen
- einige kleine Schüsseln oder Dosen.

Sie können Marmeladengläser oder andere Behältnisse wiederverwenden. Vorsicht bei Kunststoffgefäßen, die nicht unbedingt spülmaschinengeeignet oder für Fetthaltiges vorgesehen sind.

MENGEN UND ZEITAUFWAND

Mengen

Die Speisepläne in diesem Buch sind für vier Personen gedacht. Natürlich sind nicht alle Menschen gleich gute Esser und auch die Zusammensetzung der einzelnen Familien kann ganz unterschiedlich sein. Haben Sie daher keine Scheu, die Mengen anzupassen, zu reduzieren oder zu vervielfachen und die Mahlzeiten mit Brot und Käse und natürlich auch mit Obst und Milchprodukten als Dessert zu ergänzen.

Zeitaufwand

Für jeden Speiseplan und jeden Arbeitsschritt wird der ungefähre Zeitaufwand angegeben. Die tatsächlich benötigte Zeit kann jedoch durchaus variieren, denn die einen arbeiten langsam, die anderen schnell, manche verräumen und spülen sofort alles, einige sind Anfänger, andere schon geübt …
In jedem Fall werden Sie merken, dass Sie in ein oder zwei Stunden eine ganze Menge schaffen und im Lauf der Zeit an Effizienz gewinnen.

Und wenn Reste bleiben?

Reste können Sie einfrieren (Achtung: Frieren Sie nichts wieder ein, was schon einmal eingefroren war), für eine Suppe verwenden, zur Arbeit mitnehmen, am nächsten Tag in anderer Form wieder auf den Tisch bringen … Im Grunde müssen Sie kaum etwas wegwerfen!

WIE LANGE KÖNNEN SIE DIE VORBEREITETEN LEBENSMITTEL AUFBEWAHREN?

Für die Aufbewahrungsdauer gibt es keine festen Regeln: Vertrauen Sie dabei vor allem auf Ihr Urteilsvermögen, riechen Sie an den Lebensmitteln und probieren Sie. Vorsicht ist natürlich bei empfindlichen Produkten geboten: Heben Sie Zubereitungen mit rohem Ei oder empfindlichen Zutaten wie Fleisch, Fisch oder Wurstaufschnitt nicht länger als zwei Tage auf. Gemüse verdirbt weniger schnell, der Geschmack kann allerdings nachlassen.

Was kann im Kühlschrank aufbewahrt werden?

- Lange gekochte Speisen und Füllungen halten sich ein paar Tage im Kühlschrank. Sie werden mit der Zeit eher noch besser.
- Saucen und Würzmittel lassen sich wegen ihres Fettgehalts sehr gut aufheben: Pesto und Relish immer mit einer Schicht Öl abdecken.
- Kalter Reis wird im Kühlschrank trocken, ideal, um gebratenen Reis daraus zu machen!
- Wurzelgemüse (Kartoffeln, Karotten …) hält sich geschält problemlos zwei oder drei Tage, sollte aber in kaltem Wasser liegen, damit es nicht schwarz wird.
- In Butter oder Öl angeschwitzte Zwiebeln können Sie einige Tage sehr gut aufbewahren, in der Gefriertruhe auch länger.
- Salate und frische Kräuter bleiben gewaschen und trockengetupft in einer Dose, einer Schüssel oder einem Beutel frisch. Bei Salaten die Blätter vorsichtig abtrennen, ohne sie anzureißen: Beschädigte Blätter werden dunkel und verderben. Salate und Kräuter mögen etwas Feuchtigkeit, aber nicht zu viel Nässe.
- Saure, süße oder salzige Dressings »garen« die mit ihnen vermischten Lebensmittel. Daher gesondert aufheben und erst zum Schluss untermischen.

Braucht es eine Gefriertruhe?

Eine Gefriertruhe ist ein nützlicher Verbündeter: Denn bestimmte Nährstoffe und auch der Geschmack gehen beim Einfrieren nicht verloren.

- Suppen lassen sich gut einfrieren, und die Vitamine bleiben so besser erhalten. Sie sollten Suppen eher einfrieren, als sie zwei oder drei Tage im Kühlschrank stehen zu lassen.
- Empfindliche Produkte wie Fleisch und Fisch können Sie in die Tiefkühltruhe geben, um ihre Haltbarkeit zu verlängern. Es spricht nichts dagegen, Fleisch kurz vor Ablauf des Haltbarkeitsdatums günstig einzukaufen und sofort einzufrieren.
- Achtung: Durch das Einfrieren wird die Textur mancher Produkte verändert. Dies gilt vor allem für zahlreiche rohe Gemüse, denn das in ihnen enthaltene Wasser zerstört beim Einfrieren die Struktur.

Richtig auftauen

Es ist immer besser, ein Produkt langsam aufzutauen, es also am Vortag für den nächsten Abend in den Kühlschrank zu stellen, anstatt es im Backofen, auf dem Herd oder in der Mikrowelle zu erhitzen.
Frieren Sie ein Produkt, das bereits aufgetaut wurde, niemals wieder ein, sonst besteht die Gefahr, dass sich Bakterien übermäßig vermehren.

EINIGE NÜTZLICHE INDUSTRIELL HERGESTELLTE PRODUKTE

In diesem Buch konzentrieren wir uns auf eher einfache Gerichte. Durch das Vorbereiten der Zutaten ist die Arbeit in der Küche überschaubar und Sie können ein Maximum an frischen Zutaten verwenden. Diese müssen Sie nur am Sonntag so weit vorbereiten, dass Sie sie zur entsprechenden Mahlzeit nahezu gebrauchsfertig zur Hand haben. Dies ermöglicht Ihnen ohne großen Aufwand gesündere Mahlzeiten, bei denen Zusatzstoffe und Zuckerzusätze möglichst vermieden werden. Einige Fertigprodukte sind jedoch sehr praktisch und sparen viel Zeit. Nachfolgend finden Sie einige kleine Tipps und Hinweise dazu.

Teig für Tarte oder Pizza

Wenn Sie genügend Zeit haben, können Sie Mürbeteig oder Hefeteig selbstverständlich selbst zubereiten. So schmeckt er immer am besten. Verwenden Sie ihn nicht sofort, rollen Sie ihn einfach aus und frieren ihn ein.
Muss es allerdings schnell gehen, können Sie fertigen Pizza-, Tarte- oder auch Blätterteig im Supermarkt kaufen und diesen mit frische Zutaten belegen.

Brühe

Im Grunde ist es wirklich einfach, eine Brühe selbst herzustellen. Geben Sie verschiedenes Gemüse, saubere Gemüseschalen, Ingwer und Knoblauch (jeweils geschält und zerdrückt) Thymian, Petersilie, Koriander, Pfeffer, Sternanis und weitere Würzmittel und Kräuter nach Belieben und das Gerippe des Sonntagshähnchens in einen Kochtopf, bedecken Sie alles mit Wasser und lassen Sie das Ganze zugedeckt ein paar Stunden köcheln. Dann durch ein Sieb abgießen und abkühlen lassen. Hausgemachte Brühe hält sich im Kühlschrank eine Woche und in der Gefriertruhe einen Monat. Bis Sie sich an die Zubereitung wagen, verwenden Sie ruhig Brühwürfel, aber am besten Bioprodukte, die enthalten keine unnötigen Zusatzstoffe oder Geschmacksverstärker und geben Ihren Suppen und Schmorgerichten etwas Geschmack.

Sie sind ein Fan von Tiefkühlware?

Das ist mit Meal Prep durchaus vereinbar. Wenn Sie es beispielsweise hassen, Zwiebeln zu schälen und zu schneiden (was eigentlich ziemlich schnell geht!), weil Sie dabei immer weinen müssen, dann kaufen Sie eben im Supermarkt TK-Zwiebeln ein.

SAISONPRODUKTE

Herbst

Gemüse

Brokkoli (Ende der Saison)
Fenchel (Ende der Saison)
Karotten
Kartoffeln
Knoblauch
Kohl (sämtliche Kohlsorten)
Kürbis (sämtliche Kürbissorten)
Lauch
Mais
Mangold (eher ein Frühlingsgemüse, aber man bekommt es gelegentlich auch im Winter)
Pastinaken
Rote Bete
Spinat (Ende der Saison)
Stangensellerie und Knollensellerie
Weiße Rüben
Tomaten (einige Sorten bis Oktober)
Wintersalate (z. B. Chicorée, Frisée, Feldsalat, Endivie)
Zwiebeln

Obst

Äpfel
Birnen
Blaubeeren
Clementinen (Dezember)
Esskastanien
Feigen (Oktober)
Haselnüsse
Himbeeren (Oktober)
Kiwi
Mandarinen
Orangen (Dezember)
Quitten
Trauben
Walnüsse
Zitronen

Winter

Gemüse

Karotten
Kartoffeln
Knoblauch
Kohl (sämtliche Kohlsorten)
Kürbis (sämtliche Kürbissorten)
Lauch
Mais
Mangold (eher ein Frühlingsgemüse, aber man bekommt es gelegentlich auch im Winter)
Pastinaken und anderes Wurzelgemüse
Rote Bete
Stangensellerie und Knollensellerie
Weiße Rüben
Wintersalate (z. B. Chicorée, Frisée, Feldsalat, Endivie)
Zwiebeln
Erbsen und grüne Bohnen können Sie als TK-Produkte verwenden und dazu noch hochwertige Tomatenkonserven für Saucen.

Obst

Äpfel
Birnen
Clementinen
Grapefruit
Kiwi
Mandarinen
Orangen
Zitronen

KAUFEN SIE SAISONPRODUKTE!

Achten Sie in jeder Jahreszeit darauf, dass die verwendeten Zutaten auf kurzen Handelswegen zu Ihnen gelangen. Statt in Supermärkten empfiehlt es sich daher, auf Bauernmärkten oder in Geschäften, die regionale Produkte anbieten, einzukaufen. Gemüse, das gerade Saison hat, ist sehr viel schmackhafter. Gerade zum Ende des Winters hin ist die Auswahl dann allerdings nicht mehr groß. Behelfen Sie sich in diesem Fall ruhig auch mit Konserven oder TK–Produkten: Tomaten aus der Dose, tiefgekühlten Erbsen, Bohnen oder Himbeeren … Wählen Sie dann jedoch unbedingt hochwertige Produkte.

Frühling

Gemüse

Artischocken
Blumenkohl
Brokkoli
Erbsen (und dicke Bohnen)
Fenchel
Frühkartoffeln
Frühlingssalate (z. B. Kopfsalat)
Grüne Bohnen, Stangenbohnen
Gurken
Junge Karotten
Junge Rote Bete
Junge weiße Rüben
Junge Zwiebeln
Junger Lauch
Kartoffeln
Mangold
Neuer Knoblauch
Radieschen
Spargel
Spinat
Stangensellerie

Obst

Aprikosen (Juni)
Erdbeeren
Grapefruit
Johannisbeeren (Juni)
Kirschen (Juni)
Melonen
Rhabarber
Schwarze Johannisbeeren (Juni)

Sommer

Gemüse

Artischocken
Auberginen
Brokkoli
Frühkartoffeln
Grüne Bohnen, Stangenbohnen
Gurken
Junge Karotten
Junge Zwiebeln
Kartoffeln
Mangold
Neuer Knoblauch
Paprika
Radieschen
Sommersalate (z. B. Kopfsalat, Romana, Batavia)
Spinat
Spitzkohl
Stangensellerie
Tomaten

Obst

Aprikosen
Blaubeeren
Brombeeren
Erdbeeren
Feigen (gegen Ende des Sommers)
Haselnüsse (gegen Ende des Sommers)
Himbeeren
Johannisbeeren
Melonen
Mirabellen (gegen Ende des Sommers)
Nektarinen
Pfirsiche
Pflaumen
Schwarze Johannisbeeren
Trauben (gegen Ende des Sommers)
Walnüsse (gegen Ende des Sommers
Wassermelonen

VON MÄRZ BIS SEPTEMBER ...

... ist die Zeit, in der Gemüse schnell zubereitet ist – ohne große Vorbereitung, langes Kochen oder viel Würzen. Meist ist es gar nicht nötig, das Gemüse zu schälen: Wenn die Schale noch dünn ist, reicht einfaches Abbürsten und Spülen.
Sie haben zu viele Kräuter oder sonstiges Blattgemüse (Kresse, Rucola)? Bereiten Sie daraus Pesto zu (dafür eignet sich auch schönes Radieschengrün) oder frieren Sie Kräuter und Blattgemüse ein, so lassen sich diese später in Speisen oder Suppen verwenden.
Jetzt ist auch die Zeit der Würzmittel auf Basis von Gemüse und klein geschnittener Rohkost, aromatisiert mit Zutaten, die einen kräftigeren Geschmack haben wie Oliven, Knoblauch und Kräuter. Geben Sie noch etwas Öl und Salz dazu. Damit lassen sich einfache Gerichte wie eine Suppe oder Spiegeleier wunderbar aufwerten.

Woche 01

ZEITAUFWAND
1 STD. 30 MIN.
KÜCHENARBEIT

JAHRESZEIT WINTER
Außerhalb der Jahreszeit den Hokkaidokürbis durch Zucchini ersetzen. Im Frühling frischen Spinat verwenden.

Montag

Rinderschmortopf mit Kartoffeln und Salat

Dienstag

Caesar Salad, Knoblauchbrot

Mittwoch

Würziges Kichererbsen-Tomaten-Spinat-Gemüse, dazu Reis

Donnerstag

Tagliatelle mit Rindfleischsauce und eingelegten Tomaten, Spinat

Freitag

Kürbis-Süßkartoffel-Suppe mit Knoblauchbrot

Bonus-Rezept

Eiercreme

FÜR VEGETARIER
Statt Rinderschmortopf Gemüse-Couscous (Woche 9) kochen; Rindersauce ersetzen durch Sauce mit Oliven und Ziegenkäse.

SIE MÖGEN KEINEN
Spinat: durch Rucola ersetzen.

Für die Aufbewahrung

2 Dosen mit ca. 300 ml Fassungsvermögen
1 Dose mit ca. 750 ml Fassungsvermögen
4 Dosen mit ca. 1 ½ l Fassungsvermögen
1 Geschirrtuch oder 1 Beutel

Kochutensilien

Standmixer
Pürierstab
Backpapier und Bindfaden
1 kleiner Stieltopf
1 ofenfeste Form mit 20–25 cm Durchmesser
1 tiefes Backblech
1 großer Topf
1 Pfanne oder Schmorpfanne
1 Schmortopf

DONNERSTAG
MONTAG
DIENSTAG
FREITAG
BONUS
MITTWOCH

woche 01

Die Einkäufe

Obst, Gemüse und Kräuter

- ❏ 3 mittelgroße Süßkartoffeln
- ❏ 1 großer Endiviensalat oder ein anderer Salat der Saison
- ❏ 1 kleiner Hokkaidokürbis (1 kg)
- ❏ 10 Knoblauchzehen
- ❏ 2 Karotten
- ❏ 5 Zwiebeln
- ❏ 1 Zitrone
- ❏ 1 großes Bund glatte Petersilie
- ❏ 1 kg Kartoffeln

Tiefgekühlt

- ❏ 1 kg TK-Blattspinat

Vom Bäcker

- ❏ 2 Baguettes

Frisch

- ❏ 1 ½ kg Rindfleisch aus der Schulter und/oder Rinderbeinscheibe (mit Knochen etwas mehr rechnen), in Scheiben geschnitten
- ❏ 1,2 l Milch
- ❏ 60 g Parmesan
- ❏ 300 g griechischer Joghurt
- ❏ 100 g Butter
- ❏ 13–17 Eier

Sonstiges

❑ 4 Dosen geschälte oder stückige Tomaten

❑ 800 g Kichererbsen (aus der Dose)

❑ 100 g getrocknete Tomaten

❑ 100 g Sardellenfilets (in Öl oder in Salz eingelegt), gründlich abgespült

❑ 2 Bio-Gemüsebrühwürfel

❑ 1 Vanilleschote

❑ 240 g Basmatireis oder Langkornreis aus der Camargue

❑ 400 g Tagliatelle

❑ 300 ml Tomatenpüree (passierte Tomaten)

❑ 150 g schwarze Oliven

Aus dem Vorratsschrank

❑ Senf

❑ Zucker

❑ Indische Gewürzmischung: Garam Masala, Curry

❑ Olivenöl

❑ Beliebiger Essig

❑ Grobes Salz

❑ 3 Zweige getrockneter Oregano oder Thymian

❑ Salz, Pfeffer

woche 01 Sonntag

1. Vorbereitende Arbeiten

20 Min.

Butter aus dem Kühlschrank nehmen, damit sie etwas weicher wird. Den Hokkaidokürbis abbürsten, entkernen. Petersilie waschen, abtropfen lassen. Karotten, Kartoffeln und Süßkartoffeln schälen. Karotten, Süßkartoffeln und Hokkaido in große Würfel schneiden. Die Kartoffeln waschen und in große Würfel schneiden. In einer Dose in kaltes Wasser legen (damit sie nicht schwarz werden).
→ DOSE → KÜHLSCHRANK
Den Salat waschen, abtropfen lassen. **→ GESCHIRRTUCH → KÜHLSCHRANK**
Den Knoblauch und die Zwiebeln schälen, Zwiebeln in dünne Scheiben schneiden. Die Petersilienblätter abzupfen. **→ DOSE ODER GESCHIRRTUCH → KÜHLSCHRANK**
Die Stiele aufheben.

2. Knoblauchbrot

15 Min.

Den Backofen auf 150 °C vorheizen.
KNOBLAUCHBUTTER. ⅓ der Petersilie mit 2 geriebenen Knoblauchzehen und der Butter im Standmixer mixen.
DIE BAGUETTES halbieren, dann jede Hälfte im Abstand von 2–3 cm einschneiden. In jede Schnittstelle Kräuterbutter streichen. Je 2 Hälften in Backpapier wickeln, mit Bindfaden zubinden. 1 verpacktes Baguette einfrieren. Das andere 30–40 Minuten im Backofen backen. Abkühlen lassen, das Paket öffnen, die Scheiben trennen, abkühlen lassen und in dem Papier einwickeln oder in eine Dose geben. **→ VORRATSSCHRANK**

3. Eiercreme

20 Min.

KARAMELL 200 g Zucker in einen kleinen Topf geben, nur so viel Wasser zugeben, dass der gesamte Zucker leicht feucht ist. Unter ständigem Beobachten erhitzen, bis der Zucker eine Karamellfarbe annimmt (170 °C auf dem Thermometer). Ein Gefäß oder das Spülbecken mit kaltem Wasser füllen und den Topf hineinstellen, sobald das Karamell fertig ist, um den Kochvorgang zu beenden. Vorsicht, sehr heiß! Masse in eine ofenfeste Form umfüllen, diese am Rand halten und sofort nach allen Seiten leicht schwenken, damit der Boden mit Karamell überzogen wird.
MILCH 1 Liter Milch mit 1 in der Mitte aufgeschlitzten Vanilleschote in einem Topf erhitzen. 8 Eier in eine große Schüssel aufschlagen, 150 g Zucker zugeben und schlagen, bis die Masse weißlich wird. In der Milch das Vanillemark mit einem Messer aus der Schote kratzen (Schote spülen, trocknen lassen und in einen Zuckertopf legen).
GAREN Die beinahe kochende Milch über die Zucker-Eier-Mischung gießen und mit dem Schneebesen schlagen. Die Masse in die ofenfeste Form gießen. Die Form auf das tiefe Backblech stellen und dieses bis auf halbe Höhe mit heißem Wasser füllen. Creme 40 Minuten im Ofen backen: Die Oberseite soll goldgelb sein. Abkühlen lassen. **→ MIT FRISCHHALTEFOLIE ABDECKEN → KÜHLSCHRANK**
Innerhalb von 3 Tagen verzehren.

4. Kichererbsen

10 Min.

ZWIEBELN 1 großen Topf für die Suppe, 1 Pfanne oder Schmorpfanne für die Kichererbsen und 1 Schmortopf für den Rindereintopf bereitstellen. In den Schmortopf 3 EL Öl geben, die Zwiebeln mit 1 Prise Salz zugeben. Bei mittelschwacher Hitze 6–7 Minuten garen. Die Zwiebeln auf die 3 Kochgeschirre verteilen: ⅓ für die Suppe, ⅓ für die Kichererbsen und ⅓ bleibt im Schmortopf.
TOMATEN UND KICHERERBSEN Die Pfanne bei mittlerer Hitze auf den Herd stellen, 2 geriebene Knoblauchzehen zugeben, 1 Minute rühren, 2 TL der indischen Gewürzmischung und Salz zugeben und wieder rühren. 2 Dosen Tomaten zugeben, rühren und dabei die Tomaten mit dem Holzlöffel zerdrücken, falls ganze Tomaten verwendet wurden. Die abgetropften Kichererbsen zugeben, die Temperatur herunterschalten und alles ca. 10 Minuten köcheln lassen. Abkühlen lassen.
→ DOSE → KÜHLSCHRANK

5. Suppe

20 Min.

Den Topf für die Suppe bei mittlerer Hitze auf den Herd stellen, die Süßkartoffeln, 1 Karotte und die Kürbiswürfel zugeben, umrühren und 1–2 Minuten anbraten. So viel Wasser zugießen, dass alles gerade bedeckt ist, 2 Brühwürfel zugeben und alle Petersilienstiele. Suppe zum Köcheln bringen, dann zugedeckt bei milder Hitze 25 Minuten köcheln lassen. Die Hälfte der restlichen Petersilienblätter in die Suppe geben, rühren und die restliche Milch zugießen. Falls nötig salzen und pfeffern. Die Suppe abkühlen lassen. **→ DOSE → GEFRIERTRUHE**

6. Schmortopf

20 Min.

SCHMORTOPF Das Fleisch, 7 Sardellenfilets, 5 geriebene Knoblauchzehen, 2 Dosen Tomaten und das Tomatenpüree, 1 Prise Zucker, 3 Thymian- oder Oreganozweige, die restlichen Petersilienstiele, ⅔ der Oliven und 1 gewürfelte Karotte in den Schmortopf geben. Zugedeckt auf dem Herd zum Köcheln bringen. Dann 3–4 Stunden bei 130 °C in den Backofen schieben. (Sie müssen sich nicht weiter darum kümmern und können inzwischen etwas anderes machen.) Der Schmortopf ist fertig, wenn das Fleisch zart und gar ist. Komplett erkalten lassen.
→ SCHMORTOPF ODER DOSE → KÜHLSCHRANK
RINDERSAUCE ¼ des fertigen Schmortopfes entnehmen. Mit den getrockneten Tomaten, den restlichen Oliven und 1 Handvoll Petersilie mit einem Messer klein hacken. **→ DOSE → KÜHLSCHRANK**

7. Caesar-Dressing

5 Min.

1 Ei in den Standmixer aufschlagen, 1 geriebene Knoblauchzehe, 2 TL Zitronensaft, 2 Sardellenfilets, 1 TL Senf und ⅓ der restlichen Petersilie zugeben und mixen. Dann nach und nach bei laufendem Mixer 150 ml Olivenöl und 1 EL des Sardellenöls unterrühren. Wer keinen Standmixer oder Pürierstab hat, bereitet das Dressing ohne die Sardellenfilets mit dem Schneebesen zu. Die Sardellen dann sehr fein hacken und in das Dressing rühren. Pfeffern.
→ DOSE → KÜHLSCHRANK

woche 01

Montag

Rinderschmortopf mit Kartoffeln und Salat

Fertig in 30 Min., davon 10 Min. Küchenarbeit

RINDERSCHMORTOPF Bei mittelschwacher Hitze erhitzen.

KARTOFFELN Die im Kühlschrank aufbewahrten Kartoffeln abtropfen lassen, in einen Topf geben, mit reichlich kaltem Wasser bedecken, grobes Salz zugeben, aufkochen lassen und Kartoffeln dann in 20–25 Minuten weich köcheln.
Den Rinderschmortopf mit den Kartoffeln und mit Salat servieren.

Dienstag

woche 01

Caesar Salad, Knoblauchbrot

Fertig in 20 Min., davon 10 Min. Küchenarbeit

EIER 4 Eier (bei sehr großem Hunger 8 Eier) in einen Topf legen, mit Wasser bedecken, aufkochen und Eier 4 Minuten kochen lassen. Die Eier herausnehmen, mit kaltem Wasser abschrecken, dann pellen.

SALAT Die Salatblätter zerzupfen und in eine Schüssel geben.

ANRICHTEN Das Dressing über den Salat gießen, alles gut mischen, die halbierten Eier darauf anrichten, einige Sardellenfilets und Parmesanspäne (einige für Donnerstag aufheben) über dem Salat verteilen. Das Knoblauchbrot dazu reichen.

FÜR MITTWOCH UND DONNERSTAG Den Spinat aus der Gefriertruhe nehmen und in den Kühlschrank stellen.

woche 01 **Mittwoch**

Würziges Kichererbsen-Tomaten-Spinat-Gemüse, dazu Reis

Fertig in 25 Min., davon 10 Min. Küchenarbeit

REIS Die Reismenge in einem Glas abmessen und mit der 1 ½-fachen Menge an Wasser in einen Topf geben, ½ TL Salz zufügen. Aufkochen lassen, dann Hitze auf kleinste Stufe reduzieren, den Topfdeckel auflegen und Reis 11 Minuten garen lassen. Den Deckel abnehmen, den Reis mit einer Gabel vorsichtig auflockern und ein Geschirrtuch über den Topf legen.
KICHERERBSEN Das vorbereitete Kichererbsengemüse erhitzen. Wenn es heiß ist, ⅔ des aufgetauten Spinats zugeben, umrühren und alles gut erhitzen. Mit Petersilie bestreuen.
JOGHURT Den griechischen Joghurt mit 1 guten Prise der indischen Gewürzmischung würzen und zum Kichererbsen-Tomaten-Spinat-Gemüse servieren.

Donnerstag

woche 01

Tagliatelle mit Rindfleischsauce und eingelegten Tomaten, Spinat

Fertig in 25 Min., davon 10 Min. Küchenarbeit

SAUCE Die gehackte Portion Rinderschmortopf in einem Topf erhitzen und den restlichen Spinat dazugeben.
PASTA Die Tagliatelle in einem Topf mit reichlich kochendem Salzwasser nach Packungsanweisung al dente kochen. Abtropfen lassen und in die Sauce geben. Alles gut vermischen und mit Parmesanspänen bestreut servieren.
FÜR FREITAG Suppe und Knoblauchbrot aus der Gefriertruhe nehmen und in den Kühlschrank stellen.

woche 01 **Freitag**

Kürbis-Süßkartoffel-Suppe mit Knoblauchbrot

Fertig in 25 Min., davon 5 Min. Küchenarbeit

Den Backofen auf 190 °C vorheizen. Das Knoblauchbrot 25 Minuten in den Ofen schieben. Inzwischen die Suppe in einem Topf erhitzen. Mit Petersilie bestreuen. Die Suppe mit dem Brot servieren.

Bonus-Rezept

woche 01

Eiercreme

Bereits fertig

Mit einem Messer am Rand zwischen Creme und Form entlangfahren, einen Teller über die Form legen und die Form stürzen, dabei einmal kräftig (aber nicht zu kräftig!) schütteln, damit die Creme aus der Form fällt.

Woche 02

ZEITAUFWAND
1 STD. 40 MIN.
KÜCHEN-ARBEIT

JAHRESZEIT HERBST/ WINTER
Außerhalb der Saison das Herbst-Winter-Gratin durch ein sommerliches Gemüsegratin ersetzen (Woche 10).

Montag
Mini-Pizzen mit Birnen und Blauschimmelkäse, Salat

Dienstag
Großer Brokkoli-Linsen-Salat, Erdnusssauce

Mittwoch
Thai-Nudeln

Donnerstag
Herbst-Winter-Gratin, Blauschimmelkäse

Freitag
Zitronengras-Kokos-Koriander-Ingwer-Suppe

Bonus-Rezept
Schoko-Erdnuss-Plätzchen

SIE MÖGEN KEINEN
Blauschimmelkäse: durch einen Comté oder einen anderen Käse ersetzen, der gut schmilzt.

Für die Aufbewahrung

3 Dosen mit ca. 300 ml Fassungsvermögen
4 Dosen mit ca. 750 ml Fassungsvermögen
1 Dose mit ca. 2 l Fassungsvermögen
1 Geschirrtuch

Kochutensilien

1 Backblech
1 ofenfeste Form
1 Dampfgarer oder Dämpfkorb
1 mittelgroßer Topf
1 großer Kochtopf
Standmixer oder Pürierst
1 große Pfanne oder Wo
Backpapier

MITTWOCH
BONUS
DIENSTAG
FREITAG
MONTAG
DONNERSTAG

woche 02

Die Einkäufe

Obst, Gemüse und Kräuter

- ❏ 1 großer Romanasalat (oder 2 mittelgroße)
- ❏ 3 Brokkoli
- ❏ 6 Schalotten
- ❏ 7 Knoblauchzehen
- ❏ 1 Süßkartoffel
- ❏ 13 cm frischer Ingwer
- ❏ 3 kleine Stauden Mangold oder Pak Choi (ca. 700 g)
- ❏ 4 Birnen
- ❏ 5 Kartoffeln
- ❏ 5 Karotten
- ❏ 6 Stangen Zitronengras
- ❏ 2 kleine Chilischoten (oder getrocknete Chili oder Chilipulver)
- ❏ 1 Zitrone
- ❏ 2 Bund Koriander
- ❏ 1 Bund Minze

Frisch

- ❏ 250 g Gorgonzola (klassisch oder mit Mascarpone)
- ❏ 200 ml Crème fraîche
- ❏ 500–600 g Pizzateig oder Blätterteig
- ❏ 6 Eier
- ❏ 200 g gesalzene Butter

Sonstiges

- ❑ 200 g Reisnudeln, vorzugsweise flache
- ❑ 150 g grüne Linsen
- ❑ 300 g Erdnussmus, crunchy
- ❑ 200 ml Kokosmilch
- ❑ 200 g dunkle Schokolade
- ❑ 2 Bio-Gemüsebrühwürfel
- ❑ 200 g Haselnüsse

Aus dem Vorratsschrank

- ❑ 340 g Mehl
- ❑ 120 ml Apfelessig
- ❑ Olivenöl
- ❑ 120 ml Sojasauce
- ❑ Muskatnuss
- ❑ 250 g Zucker
- ❑ Salz, Pfeffer

woche 02

Sonntag

1. Vorbereitende Arbeiten

30 Min.

Die Butter aus dem Kühlschrank nehmen. Den Salat waschen und abtropfen lassen. **→ GESCHIRRTUCH → KÜHLSCHRANK**
Den Brokkoli waschen, die Stiele abschneiden, unschöne Stellen wegschneiden, die Stiele dann aufheben, die Köpfe in Röschen zerteilen.
Alle Kräuter waschen und abtropfen lassen. Von 1 Bund Koriander (Stiele aufheben) und der Minze die Blätter abzupfen. **→ DOSE → KÜHLSCHRANK**
Von 3 Stangen Zitronengras das harte Ende und die trockene Spitze abschneiden, harte Außenblätter entfernen und das Innere in dünne Scheiben schneiden, ⅓ für die Sauce reservieren, den Rest aufbewahren (zum Bestreuen des Salats, der Nudeln, der Suppe). **→ DOSE → KÜHLSCHRANK**
Die Schalotten schälen, 2 davon in dünne Scheiben schneiden. Den Ingwer schälen (bei Bioingwer nicht nötig). Die Karotten schälen. 3 Karotten in kleine Würfel und 2 Karotten in 2–3 cm große Stücke schneiden. **→ DOSE → KÜHLSCHRANK**
Mangold oder Pak Choi waschen. Blätter und Stiele in Streifen schneiden. 1 Minute in einen Topf mit kochendem Salzwasser legen, abtropfen lassen, in kaltes Wasser tauchen und erneut abtropfen lassen. **→ DOSE → KÜHLSCHRANK**
Die Kartoffeln und die Süßkartoffel schälen. 1 Kartoffel für die Suppe in große Stücke schneiden, die anderen Kartoffeln und die Süßkartoffel in dünne Scheiben schneiden. 150 g Haselnüsse und die Schokolade getrennt hacken.

2. Mini-Pizzen

15 Min.

Den Backofen auf 230 °C vorheizen. Den Teig in vier gleiche Teile teilen und jedes Teigstück zu einer runden Scheibe ausrollen. Die Pizzen auf ein mit Backpapier ausgelegtes Backblech legen. 1 Ei mit 150 ml Crème fraîche in einer Schüssel verquirlen, mit Salz, Pfeffer und etwas Muskatnuss würzen. Die Birnen schälen, Kerngehäuse entfernen, Furchtfleisch in 1 cm dicke Scheiben schneiden, leicht mit Zitrone beträufeln und auf die Teigscheiben legen. Auf jeder Mini-Pizza 1 EL Mangold verteilen, dann 150 g zerkrümelten Gorgonzola auf die Pizzen streuen. Mit 2 EL gehackten Haselnüssen bestreuen. Die Ei-Crème-fraîche-Sauce darübergeben. Pizzen 10 Minuten in den Backofen schieben. Abkühlen lassen. **→ MIT FRISCHHALTEFOLIE ABDECKEN → KÜHLSCHRANK**

3. Herbst-Winter-Gratin

5 Min.

Die Backofentemperatur auf 190 °C reduzieren. Eine ofenfeste Form mit ½ Knoblauchzehe einreiben, mit Öl auspinseln und die Kartoffelscheiben abwechselnd mit Süßkartoffelscheiben überlappend in die Form schichten, salzen und pfeffern, Mangold, die 2 in Scheiben geschnittenen Schalotten und 2 in dünne Scheiben geschnittene Knoblauchzehen dazwischen verteilen. Großzügig mit Olivenöl übergießen. Gratin 45 Minuten in den Backofen schieben. Abkühlen lassen. **→ MIT FRISCHHALTEFOLIE ABDECKEN → KÜHLSCHRANK**

4. Linsen und Brokkoli

10 Min.

BROKKOLI Die Brokkoliröschen im Dampfgarer oder einem Dämpfkorb nicht länger als 5 Minuten garen (Sie können sie auch 5 Minuten in Wasser kochen). Abkühlen lassen. Zusammen mit möglicherweise noch übrig gebliebenem Mangold aufbewahren. **→ DOSE → KÜHLSCHRANK**
LINSEN Die Linsen spülen, in einen Topf geben, mit reichlich kaltem Wasser bedecken, aufkochen, dabei 2–3 Karottenstücke, 1 nicht geschälte, zerdrückte Knoblauchzehe und einige Korianderstängel zugeben. Nach dem Aufkochen 20 Minuten bei mittlerer Hitze köcheln lassen: Die Linsen sollen noch leicht bissfest sein. Abkühlen lassen, mit etwas Olivenöl beträufeln. **→ DOSE → KÜHLSCHRANK**

5. Suppe

10 Min.

GEMÜSE In einen großen Kochtopf die restlichen Karotten- und Kartoffelstücke, 2 Stangen Zitronengras, die Gemüsebrühwürfel, 1 Chilischote (entkernt, wenn Sie es etwas milder mögen), 10 cm zerdrückten Ingwer, 2 zerdrückte Knoblauchzehen, 2 geschälte Schalotten und die Brokkolistiele geben.
KOCHEN Wasser zugießen (die Zutaten sollen knapp damit bedeckt sein), aufkochen und Suppe 20 Minuten köcheln lassen. Das ganze Bund Koriander und die Kokosmilch zugeben und alles 5 Minuten bei schwacher Hitze weiterköcheln lassen. Die Suppe mit dem Pürierstab oder im Standmixer pürieren und völlig erkalten lassen. **→ DOSE → GEFRIERTRUHE**

6. Plätzchen

15 Min.

Die weiche Butter in einer Schüssel mit 200 g Zucker und 250 g Erdnussmus verrühren. 2 Eier und das gesiebte Mehl einarbeiten, dann die Schokolade und 120 gehackte Haselnüsse unterrühren. Diesen Teig in zwei gleich große Portionen teilen und jeweils auf Backpapier legen. Jedes Teigstück mithilfe des Papiers zu einer Rolle formen und diese in das Papier packen.
→ GEFRIERTRUHE

7. Erdnusssauce

15 Min.

Im Standmixer 120 ml Essig, 120 ml Sojasauce, 3 EL Zucker, 1 Chilischote, 2 Schalotten, ⅓ vom gehackten Zitronengras, 3 cm Ingwer und 1 geriebene Knoblauchzehe mixen (oder mit der Hand zerstoßen).
2 EL Erdnussmus dazugeben und per Hand untermischen. **→ DOSE ODER SCHRAUBGLAS → KÜHLSCHRANK**

woche 02

Montag

Mini-Pizzen mit Birnen und Blauschimmelkäse, Salat

Fertig in 20 Min., davon 5 Min. Küchenarbeit

PIZZEN Den Backofen auf 180 °C vorheizen. Die Pizzen 10 Minuten zum Erhitzen in den Backofen schieben.

SALAT Den Salat in eine Schüssel geben (einige Blätter für Donnerstag aufheben), mit Salz, Pfeffer, Zitronensaft und Olivenöl anmachen.

Dienstag

woche 02

Großer Brokkoli-Linsen-Salat, Erdnusssauce

Fertig nach 10 Min. Küchenarbeit

LINSEN UND BROKKOLI Die Linsen in eine Salatschüssel geben, die Hälfte der dampfgegarten Brokkoliröschen und 1 oder 2 EL gewürfelte Karotten zugeben (den Rest für Mittwoch aufheben).
DRESSING Die Hälfte der Erdnusssauce verwenden und mit 2–3 EL Olivenöl strecken. Über den Salat gießen, durchmischen, einige Blätter Koriander, Zitronengrasscheiben, einige klein gezupfte Minzblätter und die ganzen Haselnüsse zugeben.

woche 02

Mittwoch

Thai-Nudeln

Fertig nach 15 Min. Küchenarbeit

NUDELN Die Nudeln in einem Topf laut Packungsanweisung kochen (diese sind sehr unterschiedlich), abtropfen lassen und mit kaltem Wasser spülen.

EIER UND GEMÜSE 3 Eier, die Reste vom Brokkoli/Mangold und der Erdnusssauce, die Kräuter und die gewürfelten Karotten aus dem Kühlschrank nehmen. In einer Pfanne oder einem großen Wok 2 EL Öl bei starker Hitze erhitzen. Die Eier in die Pfanne oder den Wok aufschlagen, unter ständigem Rühren garen, das Gemüse zugeben und 2 Minuten weiterrühren.

ANMACHEN UND ABSCHMECKEN Die Nudeln zugeben, 2 Minuten unter Rühren garen, die Erdnusssauce zugeben, gut verrühren. Mit Kräutern bestreuen (einige für die Freitagssuppe aufheben) und servieren.

Donnerstag

woche 02

Herbst-Winter-Gratin, Blauschimmelkäse

Fertig in 1 Std., davon 5 Min. Küchenarbeit

Frisches Brot einplanen.
Den Backofen auf 180 °C vorheizen. Das Gratin 45 in den Ofen schieben. Mit einem guten Brot, dem restlichen Gorgonzola und einigen Salatblättern servieren, die mit etwas Olivenöl angemacht sind.
FÜR FREITAG Nicht vergessen, die Suppe zum Auftauen in den Kühlschrank zu stellen.

woche 02

Freitag

Zitronengras-Kokos-Koriander-Ingwer-Suppe

Fertig in 15 Min., davon 5 Min. Küchenarbeit

Frisches Brot einplanen.
Die Suppe in einem Topf langsam erhitzen und mit den restlichen Kräutern bestreuen. Mit Brot servieren.

Schoko-Erdnuss-Plätzchen

Fertig in 15 Min., davon 5 Min. Küchenarbeit

PLÄTZCHEN FORMEN Den Backofen auf 180 °C vorheizen. Die Teigwürste in ½–1 cm dicke Scheiben schneiden, diese mit ausreichend Abstand auf ein mit Backpapier ausgelegtes Backblech legen.

BACKEN Plätzchen im Ofen 8–10 Minuten backen, je nachdem, ob Sie sie noch etwas weich oder durchgebacken bevorzugen. Nur so viele Plätzchen backen, wie benötigt werden, damit sie noch warm gegessen werden können.

03

ZEITAUFWAND
2 STD.
KÜCHEN-
ARBEIT

JAHRESZEIT
HERBST

Außerhalb der Saison die Trauben und den Butternut-Kürbis durch einen Apfel und Knollensellerie ersetzen.

Montag

Eier im Förmchen auf Champignons

Dienstag

Geröstetes Herbstgemüse, Mozzarella

Mittwoch

Spaghetti mit Frikadellensauce

Donnerstag

Pizza mit Kohl, Fenchel und Mozzarella, Salat

Freitag

Kohl-Erbsen-Suppe mit Frikadellen

Bonus-Rezept

Brotpudding

FÜR VEGETARIER

Die Frikadellen durc die Zucchini-Beigne (Woche 11) ersetzer

SIE MÖGEN KEINEN

Blumenkohl: durch Brokkoli ersetzen.

Für die Aufbewahrung

Kochutensilien

2 ofenfeste Formen
1 Schmortopf oder Bräter

Standmixer
Pürierstab

MITTWOCH
MONTAG
DONNERSTAG
FREITAG
BONUS
DIENSTAG

woche 03

Die Einkäufe

Obst, Gemüse und Kräuter

- ❏ 6 Salatherzen
- ❏ 500 g Champignons
- ❏ 1 Bund glatte Petersilie
- ❏ 1 Bund Schnittlauch
- ❏ 1 kleiner Spitzkohl oder Wirsing
- ❏ 1 kleiner Blumenkohl
- ❏ 11 Knoblauchzehen
- ❏ 4 Zwiebeln
- ❏ 7 Schalotten
- ❏ 1 kleiner Butternut-Kürbis
- ❏ 1 Rispe Weintrauben
- ❏ 1 Zitrone
- ❏ 1 Apfel

Frisch

- ❏ 500–600 g Pizzateig
- ❏ 500 g Hackfleisch (Rind und/oder Kalb und/oder Schwein)
- ❏ 200 ml Crème fraîche
- ❏ 100 g Butter
- ❏ 15 Eier
- ❏ 500 g Mozzarella oder Burrata
- ❏ 1 l Milch
- ❏ 60 g Parmesan

Sonstiges

- ❏ 500 g Spaghetti oder Linguine
- ❏ 500 ml Tomatenpüree
- ❏ Orangenmarmelade
- ❏ 2 Dosen stückige Tomaten
- ❏ 2 Bio-Gemüse- oder Hühnerbrühwürfel
- ❏ 120 g Schälerbsen

Vom Bäcker

- ❏ Altbackenes Brot (ca. 1 ½ Baguettes)

Aus dem Vorratsschrank

- ❏ Olivenöl
- ❏ Getrockneter Oregano oder Thymian
- ❏ Zucker
- ❏ Fenchelsamen
- ❏ Senf
- ❏ Salz, Pfeffer

woche 03

Sonntag

1. Vorbereitende Arbeiten

30 Min.

Die Pilze putzen, ⅔ in Scheiben schneiden.
Die Salatherzen waschen und trocken schütteln. **→ GESCHIRRTUCH ODER GLAS → KÜHLSCHRANK**
Petersilie und Schnittlauch waschen und trockenschütteln. Die Petersilienblätter abzupfen, die Stiele jedoch aufheben. Vom Spitzkohl/Wirsing das harte Ende des Strunks und welke Blätter entfernen, dann Wirsing waschen. 12 Kohlblätter abtrennen und das Innere in 4–5 Stücke schneiden.
Den Blumenkohl waschen, welke Blätter wegwerfen, die anderen aufheben, den Blumenkohl vierteln. Den Kürbis gründlich waschen, nicht schälen. Kürbis halbieren. Die Kerne mit einem Löffel entfernen. Den Kürbis in 4–5 große Stücke schneiden. Die Traubenrispe und den Apfel waschen. 7 Knoblauchzehen, die Zwiebeln und 3 Schalotten schälen. Diese 3 Schalotten in dünne Scheiben schneiden. Die Schälerbsen waschen.

2. Frikadellen und Tomatensauce

30 Min.

FRIKADELLEN Im Standmixer die Petersilienblätter hacken, die Hälfte herausnehmen und für andere Rezepte aufheben. 120 g altbackenes Brot und ½ Zwiebel mit in die Küchenmaschine geben, mixen. Masse in eine Schüssel geben und mit 3 geriebenen Knoblauchzehen, 30 g geriebenem Parmesan, dem Hackfleisch, 1 Ei, Salz und Pfeffer mischen (abschmecken und evtl. nachwürzen). Frikadellen in der Größe eines Tischtennisballs formen. Die Frikadellen bei mittelstarker Hitze in der Pfanne anbraten, dann die Hitze reduzieren und Bällchen gut durchgaren (in 2 Portionen braten, damit die Pfanne nicht zu voll wird). Abkühlen lassen. **→ DOSE → KÜHLSCHRANK**

TOMATENSAUCE 2 Zwiebeln im Standmixer hacken. In einem Schmortopf die gehackten Zwiebeln mit etwas Öl und 1 Prise Salz anbraten. Wenn sie schön weich und glasig sind, 2 geriebene Knoblauchzehen, die Tomaten aus der Dose und 200 ml Tomatenpüree, Thymian oder Oregano, je 1 Prise Salz und Zucker sowie Pfeffer zugeben. Rühren und bei mittelschwacher Hitze köcheln lassen. Abkühlen lassen. Wer eine sehr glatte Sauce bevorzugt, püriert die Sauce. **→ DOSE → KÜHLSCHRANK**

3. Gemüse und Suppe

10 Min.

GEMÜSE Butternut-Kürbis, ¾ vom Blumenkohl, 4 Kohlblätter, die Weintrauben, 4 nicht geschälte, aber zerdrücke Knoblauchzehen und 4 nicht geschälte Schalotten in eine ofenfeste Form geben. Mit Oregano, Salz und Pfeffer bestreuen, großzügig mit Olivenöl übergießen. **→ MIT FRISCHHALTEFOLIE ABDECKEN → KÜHLSCHRANK**

SUPPE Die Hälfte des Kohlherzens, den restlichen Blumenkohl, die Schälerbsen, den geviertelten Apfel (schälen nicht nötig, aber Kerngehäuse entfernen), 2 Stängel Oregano oder Thymian, die Petersilienstiele, 1 ½ Zwiebel, 1 Knoblauchzehe und die Brühwürfel in einem Topf geben und alles mit Wasser bedecken. Suppe zum Kochen bringen und dann 35 Minuten köcheln lassen. Mit dem Pürierstab pürieren und abkühlen lassen. **→ DOSE → GEFRIERTRUHE**

4. Pizzateig

5 Min.

PIZZATEIG Den Teig zu einem Kreis ausrollen und auf ein mit Backpapier ausgelegtes Backblech legen. **→ MIT FRISCHHALTEFOLIE ABDECKEN → GEFRIERTRUHE**

5. Kohl und Würzmittel mit Champignons

15 Min.

KOHL Salzwasser zum Kochen bringen. 8 Kohlblätter 2 Minuten darin blanchieren, die Blätter in kaltes Wasser tauchen, abtropfen lassen.
→ GESCHIRRTUCH → KÜHLSCHRANK

WÜRZMITTEL MIT CHAMPIGNONS
Den restlichen Kohl fein hacken. Mit einem Messer Schnittlauch und ganze Champignons hacken, ⅓ der in Scheiben geschnittenen Schalotten, Salz, 1 TL fein abgeriebene Zitronenschale, 6 EL Olivenöl (damit auch die fertige Mischung abdecken) und Pfeffer zugeben. Den Kohl mit 2 EL dieser Mischung anmachen.
→ DOSE → KÜHLSCHRANK
Rest des Würzmittels: **→ DOSE → KÜHLSCHRANK**

6. Champignons für die Eier im Förmchen

15 Min.

Die in Scheiben geschnittenen Champignons und die restlichen Schalottenscheiben in einer Pfanne mit 2 EL Olivenöl anbraten. Wenn sie goldbraun sind, 1 EL gehackte Petersilie, 1 geriebene Knoblauchzehe und die Crème fraîche zugeben. Salzen, pfeffern und 5 Minuten leicht köcheln lassen. Abkühlen lassen. **→ DOSE → KÜHLSCHRANK**

7. Brotpudding

15 Min.

Das restliche Brot in Scheiben schneiden, die Scheiben mit Butter und Orangenmarmelade bestreichen. Die Scheiben in eine gebutterte ofenfeste Form schichten. Die Milch in einer Schüssel mit 6 Eiern und 50 g Zucker verquirlen und über das Brot gießen. **→ MIT FRISCHHALTEFOLIE ABDECKEN → KÜHLSCHRANK**

Montag

Eier im Förmchen auf Champignons

Fertig in 15 Min., davon 5 Min. Küchenarbeit

Frisches Brot und Butter einplanen.

ZUBEREITUNG Den Backofen auf 150 °C vorheizen. 4 ofenfeste Förmchen mit Butter einfetten, die Champignons für die Eier im Förmchen darin verteilen, in jedes Förmchen 2 Eier aufschlagen. Die Förmchen auf ein tiefes Backblech stellen, das Blech in den Ofen schieben, das Backblech bis auf halbe Höhe mit Wasser füllen, damit die Förmchen im Wasserbad garen. Förmchen 10–20 Minuten im Ofen lassen, je nachdem, wie Sie die Eier haben möchten.

BEILAGE Mit einigen Blättern von den Salatherzen (noch genügend für Mittwoch und Donnerstag aufheben) servieren, die einfach mit Zitronensaft und Olivenöl angemacht sind.

Geröstetes Herbstgemüse, Mozzarella

Fertig in 1 Std., davon 5 Min. Küchenarbeit

RÖSTEN DES GEMÜSES Den Backofen auf 190 °C vorheizen. Die Form mit dem Gemüse und der Weintraubenrispe (diese in 2–3 kleinere Rispen teilen, aber nicht die einzelnen Früchte ablösen) aus dem Kühlschrank nehmen. Großzügig mit Olivenöl übergießen und ca. 1 Stunde im Backofen braten. Das Gemüse soll weich sein und stellenweise zu bräunen beginnen.
MOZZARELLA Mit der Hälfte des Mozzarellas (oder Burratas) servieren, der mit Würzmittel mit Champignons (ohne Kohl) gewürzt wurde (für den Salat am Donnerstag etwas davon aufheben). Die Schalotten isst man, indem man das Fleisch aus der Schale drückt.

woche 03 Mittwoch

Spaghetti mit Frikadellensauce

Fertig in 20 Min., davon 5 Min. Küchenarbeit

PASTA Die Spaghetti in einem Topf mit reichlich kochendem Salzwasser nach Packungsanweisung kochen.
SAUCE UND FRIKADELLEN Während die Spaghetti kochen, die Tomatensauce zusammen mit den Frikadellen bei milder Hitze in einem Topf erhitzen. 4–8 Frikadellen für die Suppe in der Dose zurückbehalten, dieses Mal in der Gefriertruhe! Die Pasta abtropfen lassen, mit etwas Olivenöl übergießen, mischen, auf Tellern anrichten und die Sauce darüber verteilen.
SERVIEREN Mit Petersilie bestreuen, Parmesan darüberreiben. Mit einigen Blättern von den Salatherzen servieren, die mit Zitronensaft und Olivenöl angemacht wurden.

Pizza mit Kohl, Fenchel und Mozzarella, Salat

Fertig in 20 Min., davon 10 Min. Küchenarbeit

PIZZA Den Backofen auf 220 °C vorheizen. Den Teig aus der Gefriertruhe nehmen. 300 ml Tomatenpüree darauf verstreichen, die blanchierten Kohlblätter zerzupfen und darüber verteilen, mit ½ TL Fenchelsamen bestreuen und den restlichen Mozzarella (oder Burrata) darüber verteilen. 10 Minuten im Backofen backen.

BEILAGE Dazu einige Blätter von den Salatherzen servieren, die mit Olivenöl und Zitronensaft und etwas Würzmittel mit Champignons (ohne Kohl) angemacht wurden.

FÜR FREITAG Nicht vergessen, die Suppe und die restlichen Frikadellen zum Auftauen in den Kühlschrank zu stellen.

woche 03

Freitag

Kohl-Erbsen-Suppe mit Frikadellen

Fertig in 10 Min., davon 5 Min. Küchenarbeit

Brot einplanen.
Die Suppe in einem Topf bei mittlerer Hitze erwärmen und dann die Frikadellen dazugeben.
Die Suppe mit dem gehackten Kohl, der mit Würzmittel mit Champignons angemacht wurde, servieren, pro Portion 1 oder 2 Frikadellen in die Suppe geben und Brot dazu reichen.

Bonus-Rezept

woche 03

Brotpudding

Fertig in 30–35 Min.

Am Montag oder Dienstag zubereiten und innerhalb von 2 Tagen aufessen.
Den Backofen auf 190 °C vorheizen und den Brotpudding darin in 30–35 Minuten goldbraun backen. Schmeckt lauwarm oder kalt (perfekt auch zum Frühstück).

Woche 04

ZEITAUFWAND
1 STD.
40 MIN.
KÜCHEN-
ARBEIT

Montag

Pasta-Eintopf mit Blumenkohl, Zitrone, Tomme-Käse und Rosmarin

Dienstag

Brokkoli-Flans, Salat

Mittwoch

Gemüsesuppe mit Milch

Donnerstag

Gemüsecurry, Reis

Freitag

Ofenkäse und Kartoffeln, Salat

Bonus-Rezept

Bratäpfel

JAHRESZEIT HERBST/ WINTER

Außerhalb der Saison den Mont d'Or durch Camembert ersetzen.

SIE MÖGEN KEINEN

Brokkoli: durch Spinat ersetzen.

Für die Aufbewahrung

5 Dosen mit ca. 300 ml Fassungsvermögen
2 Dosen mit ca. 750 ml Fassungsvermögen
4 Dosen mit ca. 1½ l Fassungsvermögen
3 Geschirrtücher

Kochutensilien

1 Dampfgarer oder Dämpfkorb
1 mittelgroßer Topf
1 großer Kochtopf
8 ofenfeste Förmchen
1 Schmortopf oder Brät
Standmixer
Pürierstab
1 ofenfeste Form

DIENSTAG
MITTWOCH
FREITAG
MONTAG
DONNERSTAG
BONUS

woche 04

Die Einkäufe

Obst, Gemüse und Kräuter

- ❏ 1 nicht zu großer Blumenkohl
- ❏ 6 Karotten
- ❏ 4 Stangen Lauch
- ❏ 2 Romanasalate
- ❏ 5–6 kleine weiße Rüben
- ❏ 1 Zwiebel
- ❏ 1 Bund Kerbel
- ❏ 1 Bund Koriander
- ❏ 3–4 Zweige Rosmarin
- ❏ 2 kleine Brokkoli
- ❏ 1 Granatapfel
- ❏ 1 Zitrone
- ❏ 3 cm frischer Ingwer
- ❏ 12 Äpfel
- ❏ 20 kleine Kartoffeln

Frisch

- ❏ 750 ml Frischmilch
- ❏ 250 g Tomme-Käse
- ❏ 1 Mont d'Or (Weichkäse)
- ❏ 40 g Butter
- ❏ 500 ml Crème fraîche
- ❏ 4 Eier

Sonstiges

- ❑ 300 g Langkornreis
- ❑ 500 g Pasta (wer mag, kann Vollkornpasta nehmen)
- ❑ 150 g ganze Mandeln
- ❑ 1 kleine Dose Kokosmilch (250 ml)

Aus dem Vorratsschrank

- ❑ Indische Gewürzmischung: Curry, Garam Masala
- ❑ Weißwein (optional)
- ❑ Honig
- ❑ Muskatnuss
- ❑ Olivenöl
- ❑ Salz, Pfeffer

woche 04

Sonntag

1. Vorbereitende Arbeiten

30 Min.

Brokkoli und Blumenkohl waschen. Die dicken Stiele vom Brokkoli abschneiden und in 1–2 cm große Würfel schneiden. Den Blumenkohl und den restlichen Brokkoli in kleine Röschen zerteilen. Die Karotten schälen, 3 Karotten in 5 cm große Stücke, die anderen 3 in 1–2 cm große Würfel schneiden. Den Lauch putzen: Das Wurzelende abschneiden, welke Blätter entfernen, harte grüne Blätter am oberen Ende abschneiden, die Stangen der Länge nach durchschneiden und Lauch gut unter kaltem Wasser spülen. Abtropfen lassen. 2 Stangen in 5 cm große Stücke schneiden, die 2 anderen Stangen in 1–2 cm breite Ringe. Die weißen Rüben waschen oder schälen (wenn sie jung sind, ist Schälen überflüssig). Die Hälfte in 4–5 Stücke schneiden, den Rest in 1–2 cm große Würfel. 6 Kartoffeln schälen, 4 davon in Stücke schneiden, die 2 anderen in kleine Würfel. Die übrigen Kartoffeln gründlich abbürsten und trocknen lassen.
Den Salat waschen und trocknen.
→ GESCHIRRTUCH → KÜHLSCHRANK
Rosmarin waschen. Die Nadeln ablösen und fein hacken.
Kerbel und Koriander waschen, abtropfen lassen.
Die Blättchen vom Koriander abzupfen, die Stiele aufheben (bis auf sehr harte Teile) und hacken. Die Blätter einpacken. **→ DOSE → KÜHLSCHRANK**
Die Zwiebel schälen und in dünne Scheiben schneiden. Den Ingwer fein reiben.

2. Für die Pasta

15 Min.

Den Tomme grob reiben. ⅔ in eine Dose packen. **→ DOSE → KÜHLSCHRANK**
¾ vom Blumenkohl, fein abgeriebene Schale von ½ Zitrone, die Hälfte vom gehackten Rosmarin, Salz und Pfeffer und 2 EL Olivenöl vermischen. **→ DOSE → KÜHLSCHRANK**

3. Flans und Vinaigrette

20 Min.

FLANS ¾ des Brokkolis 10 Minuten in einem Topf mit Salzwasser kochen oder im Dampf garen. Im Standmixer mit der Hälfte des Kerbels und 1 EL Olivenöl mixen (den restlichen Kerbel einpacken **→ GESCHIRRTUCH → KÜHLSCHRANK**).
4 Eier, 250 ml Crème fraîche, Salz und Pfeffer verquirlen, den restlichen Tomme und etwas geriebene Muskatnuss dazugeben. Mit dem Brokkolipüree mischen.
→ DOSE → KÜHLSCHRANK
VINAIGRETTE In einem Schraubglas die fein abgeriebene Schale von ½ Zitrone, 3 EL Zitronensaft, 6 EL Olivenöl, Salz und Pfeffer mischen und das verschlossene Glas kräftig schütteln. **→ SCHRAUBGLAS → KÜHLSCHRANK**

4. Suppe

10 Min.

Die Karotten-, Rüben- und Kartoffelwürfel, die gewürfelten Brokkolistiele, die Lauchringe, den restlichen Blumenkohl und die Hälfte vom gehackten Rosmarin in einer Dose vermischen. Mit 1 EL Olivenöl übergießen. **→ DOSE → GEFRIERTRUHE**

5. Curry

15 Min.

GEMÜSE UND GEWÜRZE 100 g Mandeln im Standmixer mit den Korianderstielen mixen. 3 EL Olivenöl in einem Schmortopf erhitzen. Die Zwiebelscheiben darin 5 Minuten anbraten, den geriebenen Ingwer zugeben, 1 Minute unter Rühren braten, 2 TL Gewürze zugeben, 1 Minute weiterrühren. Die in Stücke geschnittenen Gemüse zugeben (Karotten, Lauch, Rüben, Kartoffeln und restlichen Brokkoli), verrühren. Die gemahlenen Mandeln, 100 ml Wasser und die Kokosmilch zugeben, rühren, dann zugedeckt 30 Minuten köcheln lassen. Abkühlen lassen.
→ DOSE → GEFRIERTRUHE

GRANATAPFEL Den Granatapfel vierteln. Die Viertel mit den Händen etwas aufziehen, dann über einer Schüssel das Innere nach außen drücken und mit einem Holzspatel auf die Schale klopfen, damit die Kerne in die Schüssel fallen. Mit den Händen restliche Kerne herausholen. **→ DOSE → KÜHLSCHRANK**

6. Bratäpfel

10 Min.

Die Äpfel gründlich waschen und das Kerngehäuse mit einem Apfelausstecher oder einem Messer entfernen. Mit Zitronensaft beträufeln. In jeden Apfel 1 kleinen Löffel Honig und 1 ein Stück Butter schieben und mit einem Hauch Muskatnuss bestreuen.
→ MIT FRISCHHALTEFOLIE ABDECKEN ODER DOSE → VORRATSSCHRANK

woche 04

Montag

Pasta-Eintopf mit Blumenkohl, Zitrone, Tomme-Käse und Rosmarin

Fertig in 20 Min., davon 5 Min. Küchenarbeit

Eine große Menge Salzwasser in einem Topf aufkochen. Die Pasta und die Blumenkohl-Kräuter-Mischung in den Topf geben und die Pasta nach Packungsanweisung al dente kochen. Durch ein Sieb abgießen, abtropfen lassen, den Tomme unterrühren und servieren.

Dienstag

woche 04

Brokkoli-Flans, Salat

Fertig in 30 Min., davon 5 Min. Küchenarbeit

Brot einplanen.

FLANS Den Backofen auf 150 °C vorheizen. 8 ofenfeste Förmchen (2 pro Person) oder eine große ofenfeste Form mit Butter einfetten und die Brokkolimischung darin verteilen. Die Förmchen oder die große Form auf ein tiefes Backblech stellen, dieses bis auf halbe Höhe mit Wasser füllen. Flans 30 Minuten im Backofen garen.

SALAT Die Hälfte des Salates mit der Hälfte der Vinaigrette anmachen. Brot dazu reichen.

Mittwoch

Gemüsesuppe mit Milch

Fertig in 35 Min., davon 10 Min. Küchenarbeit

Brot dafür einplanen.
750 ml Wasser in einem Topf erhitzen. Sobald es köchelt, das klein gewürfelte Gemüse hineingeben. 25 Minuten köcheln lassen, durch ein Sieb abgießen und abtropfen lassen. Gemüse mit 750 ml Milch und Kerbel (etwas davon zum Garnieren aufheben) in einem Topf erwärmen und mit dem Pürierstab pürieren. Garniert mit Kerbelblättchen und etwas Crème fraîche servieren, Brot dazu reichen.

FÜR DONNERSTAG Nicht vergessen, das Curry aufzutauen.

Donnerstag

woche 04

Gemüsecurry, Reis

Fertig in 20 Min., davon 10 Min. Küchenarbeit

REIS Den Reis kochen: Reis mit Wasser abspülen, mit der 1 ½-fachen Menge an Wasser in einen Topf geben. 1 TL Salz zugeben. Wasser aufkochen, die Hitze sofort reduzieren, den Topfdeckel auflegen und Reis 11 Minuten garen. Den Deckel abnehmen, Reis vorsichtig mit einer Gabel auflockern, ein Geschirrtuch über den Topf legen.

CURRY Während der Reis kocht, das Curry in einem Topf erhitzen. Bestreut mit Korianderblättchen und ¾ der Granatapfelkerne mit dem Reis servieren.

Freitag

Ofenkäse und Kartoffeln, Salat

Fertig in 40 Min., davon 10 Min. Küchenarbeit

MONT-D'OR-KÄSE Den Backofen auf 225 °C vorheizen. Die Käseschachtel öffnen, in der Mitte ein Loch in den Käse schneiden und etwas Weißwein hineingießen (optional). Dann 25 Minuten im Ofen backen.

KARTOFFELN Die Kartoffeln in einen Topf mit kaltem Wasser legen, salzen und ca. 30 Minuten kochen. Sie sollen weich sein, wenn man mit einer Messerspitze einsticht. Abgießen und abtropfen lassen.

SALAT Den restlichen Salat in eine Salatschüssel geben, mit der restlichen Vinaigrette anmachen. Den geschmolzenen Käse auf den gepellten Kartoffeln anrichten, dazu gibt es den Salat.

Bonus-Rezept

woche 04

Bratäpfel

Fertig in 40 Min., davon 5 Min. Küchenarbeit

Montag oder Dienstag zubereiten, sie halten sich ein paar Tage.
Den Backofen auf 190 °C vorheizen. Die restlichen Mandeln hacken und über die Äpfel streuen. Äpfel in eine ofenfeste Form geben und ca. 35 Minuten im Ofen braten: sie sollen schön weich werden. Mit Crème fraîche und den restlichen Granatapfelkernen servieren.

Woche

05

ZEITAUFWAND

1 STD. 40 MIN.

KÜCHEN-ARBEIT

JAHRESZEIT HERBST/ WINTER

Außerhalb der Saison die Brunnenkresse durch Babyspinat, Rucola oder Sauerampfer ersetzen.

Montag

Pochierte Hähnchenbrustfilets, Karotten und Kartoffeln, Würzmittel mit Granatapfel

Dienstag

Blätterteigtarte mit Zwiebeln und Blauschimmelkäse, kleiner Brunnenkressesalat

Mittwoch

Nudeln mit Gemüse und Hähnchenfleisch

Donnerstag

Spiegeleier, Zwiebeln und Chili, Salat

Freitag

Brunnenkressesuppe

Bonus-Rezept

Pancakes

FÜR VEGETARIER

Das Hähnchengericht durch die Pesto-Suppe (Woche 9) ersetzen, das Hähnchenfleisch im Nudelgericht durch Tofu.

SIE MÖGEN KEINEN

Blauschimmelkäse: durch Sardellen und Oliven oder einen anderen Käse ersetzen.

Für die Aufbewahrung

3 Dosen mit ca. 300 ml Fassungsvermögen
2 Dosen mit ca. 750 ml Fassungsvermögen

Kochutensilien

1 ofenfeste Form
1 Backblech
1 Pfanne oder Schmorpfanne
1 Dampfgarer oder

1 mittelgroßer Topf
1 großer Topf
Pürierstab
Backpapier

MITTWOCH
BONUS
DONNERSTAG
FREITAG
MONTAG
DIENSTAG

woche 05

Die Einkäufe

Obst, Gemüse und Kräuter

- ❏ 2 Bund Brunnenkresse
- ❏ 10 Karotten
- ❏ 300 g Kaiserschoten
- ❏ 12 kleine Kartoffeln
- ❏ 12 rote Zwiebeln
- ❏ 1 Bataviasalat
- ❏ 1 Staudensellerie
- ❏ 3 Knoblauchzehen
- ❏ 3 Schalotten
- ❏ 3 Fenchel
- ❏ 1 Zitrone
- ❏ 1 Granatapfel
- ❏ 1 Bund frischer Thymian
- ❏ 2 kleine Chilischoten

Frisch

- ❏ 4 Bio-Hähnchenbrustfilets (700–800 g insgesamt)
- ❏ Butter
- ❏ 150 g Blauschimmelkäse
- ❏ 500 ml Milch
- ❏ 1 Packung Blätterteig
- ❏ 12 Eier

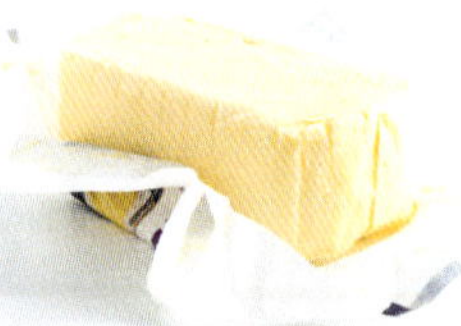

Sonstiges

- ❏ 300 g Weizennudeln
- ❏ 3 Päckchen Backpulver
- ❏ 150 g grüne Oliven
- ❏ 5 Bio-Hühnerbrühwürfel

Aus dem Vorratsschrank

- ❏ 400 g Mehl
- ❏ Apfel- oder Weinessig
- ❏ Zucker
- ❏ Olivenöl
- ❏ Sojasauce
- ❏ Ahornsirup
- ❏ Salz, Pfeffer

Sonntag

1. Hähnchen

5 Min.

1 ½ Liter Wasser in einem Topf aufkochen, 3 Brühwürfel darin auflösen. Diese Brühe über die Hähnchenbrustfilets in einem größeren Topf gießen (sie sollen komplett damit bedeckt sein) und Fleisch bei mittlerer Hitze 5 Minuten köcheln lassen. Dann den Herd ausschalten und das Fleisch zugedeckt abkühlen lassen. Das Hähnenfleisch pochiert beim Abkühlen in der Flüssigkeit.
Wenn die Sonntagsarbeit in der Küche beendet ist, das abgekühlte Hähnchenfleisch in der Brühe aufbewahren. → **DOSE** → **KÜHLSCHRANK**

2. Vorbereitende Arbeiten

30 Min.

Die Kartoffeln schälen. 8 davon in dicke Stäbchen schneiden, die restlichen in große Würfel.
Die Karotten schälen. 4 in dicke Stäbchen, 2 in große Stücke und 4 in dünne Stifte schneiden. Die Kaiserschoten waschen und in dünne Stifte schneiden. → **DOSE** → **KÜHLSCHRANK**
Den Fenchel putzen, waschen, jeweils vierteln oder sechsteln.
Die Brunnenkresse waschen.
Die schmutzigen und beschädigten Enden der Stängel abschneiden und wegwerfen. 1 Bund so belassen.
Beim anderen Bund die dickeren Stiele (für die Suppe aufheben) von den Blättern trennen (sehr dünne Stiele kann man natürlich dranlassen).
→ **GESCHIRRTUCH** → **KÜHLSCHRANK**
Den Salat waschen und trockenschütteln. → **GESCHIRRTUCH** → **KÜHLSCHRANK**
Den Granatapfel vierteln. Die Viertel mit den Händen etwas aufziehen, dann über einer Schüssel das Innere nach außen drücken und mit einem Holzspatel auf die Schale klopfen, damit die Kerne in die Schüssel fallen. Die Zwiebeln schälen und in dünne Scheiben schneiden.
Die Schalotten schälen und in Scheiben schneiden. Den Knoblauch schälen, den Thymian waschen. Den Staudensellerie putzen, waschen.

3. Würzmittel mit Granatapfel

15 Min.

Sellerie und 1 kleine Handvoll Brunnenkresseblätter fein hacken. Die Chilischoten waschen und in Scheiben schneiden. Die Oliven entkernen, fein hacken und mit dem gehackten Sellerie, den Schalotten und ⅓ der Chilischoten mischen. Salzen, etwas Zitronensaft dazugeben, mit Olivenöl bedecken, die Hälfte der Granatapfelkerne dazugeben. → **SCHRAUBGLAS ODER DOSE** → **KÜHLSCHRANK**

4. Zwiebeln, Gemüse und Tarte

20 Min.

ZWIEBELN Die Zwiebeln zusammen mit 4 EL Öl, 1 guten Prise Salz und 1 Prise Zucker in eine Pfanne geben. Bei mittelschwacher Hitze 25 Minuten garen, sie sollen schön karamellisieren und leicht bräunen. Die Blättchen von 2 Thymianzweigen dazugeben.

GEMÜSE FÜR DAS HÄHNCHENFLEISCH Während die Zwiebeln garen, die zu dicken Stäbchen geschnittenen Karotten und Kartoffeln 20 Minuten in einem Topf mit gesalzenem Wasser kochen oder im Dampf garen. 5 Minuten vor Ende der Kochzeit den Fenchel zugeben. Abkühlen lassen, mit etwas Olivenöl beträufeln.

→ DOSE → KÜHLSCHRANK

TARTE Den Teig auf ein mit Backpapier ausgelegtes Backblech legen. Die Hälfte der Zwiebeln darauf verteilen, den Blauschimmelkäse darüber zerkrümeln und mit etwas Thymian bestreuen.

→ MIT ALUFOLIE ABDECKEN → KÜHLSCHRANK

5. Pancaketeig

5 Min.

Mehl und Backpulver mit 1 großen Prise Salz und 2 EL Zucker vermischen.

→ DOSE → VORRATSSCHRANK

6. Nudelsauce

10 Min.

Die Hälfte der restlichen Chilischoten mit 2 EL Sojasauce, 2 geriebenen Knoblauchzehen, 2 TL Zucker, der anderen Hälfte der Granatapfelkerne und 1 EL Zitronensaft mischen. Abschmecken und Säure, Salzgehalt und Süße durch Zugabe von Zitronensaft, Zucker oder Sojasauce anpassen: Der Geschmack soll ausgewogen sein. **→ DOSE → KÜHLSCHRANK**

7. Suppe

15 Min.

⅓ der restlichen Zwiebeln in einen Topf geben, die großen Kartoffel- und Karottenstücke, 2 Schöpflöffel der Pochierflüssigkeit vom Hähnchenfleisch, 2 Brühwürfel und genügend Wasser zugeben, um das Gemüse knapp zu bedecken. Aufkochen und 20 Minuten köcheln lassen, bis die Kartoffeln weich sind. Das gewaschene ganze Bund Brunnenkresse und die dicken Stiele des anderen Bundes dazugeben. 5 Minuten kochen lassen. 1 geriebene Knoblauchzehe zugeben. Mit dem Pürierstab nicht zu fein pürieren oder besser noch durch ein Passiergerät (kein zu feiner Einsatz) drücken. Abkühlen lassen. **→ DOSE → GEFRIERTRUHE**

Restliche Zwiebeln mit restlichen Chilischoten einpacken. **→ DOSE → KÜHLSCHRANK**

woche 05

Montag

Pochierte Hähnchenbrustfilets, Karotten und Kartoffeln, Würzmittel mit Granatapfel

Fertig in 15 Min., davon 5 Min. Küchenarbeit

Hähnchenbrustfilets aus der Brühe nehmen, die Brühe mit dem Gemüse langsam erhitzen. Das Fleisch in Streifen schneiden. ¼ davon für die Nudeln wieder in den Kühlschrank stellen. Die Brühe mit dem Hähnchenfleisch servieren, zusammen mit dem Gemüse und dem Würzmittel mit Granatapfel (davon für Dienstag und Freitag etwas aufheben).

Blätterteigtarte mit Zwiebeln und Blauschimmelkäse, kleiner Brunnenkressesalat

Fertig in 35 Min., davon 5 Min. Küchenarbeit

Den Backofen auf 200 °C vorheizen. Die Tarte 25 Minuten im Ofen backen. Die Brunnenkresseblätter mit Zitronensaft, Salz und Olivenöl sowie etwas Würzmittel mit Granatapfel anmachen. Beides zusammen servieren.

woche 05 **Mittwoch**

Nudeln mit Gemüse und Hähnchenfleisch

Fertig nach 10 Min. Küchenarbeit

NUDELN Die Nudeln in einem Topf mit Wasser 1 Minute kürzer kochen als auf der Packung angegeben. In ein Sieb abgießen, mit kaltem Wasser abspülen und abtropfen lassen.

GEMÜSE In einer Pfanne Öl erhitzen. Die Karotten- und Kaiserschotenstifte dazugeben und 3 Minuten bei starker Hitze braten, dann das restliche Hähnchenfleisch dazugeben, 1–2 Minuten weiterbraten. Nudeln und Nudelsauce dazugeben, verrühren und alles 2 Minuten garen. Dann servieren.

Donnerstag

woche 05

Spiegeleier, Zwiebeln und Chili, Salat

Fertig nach 15 Min. Küchenarbeit

Brot einplanen.

EIER In einer Pfanne Zwiebel und Chili langsam erhitzen. Zur Seite schieben und 4 Eier in die Pfanne aufschlagen. Wenn sie fertig gebraten sind, herausnehmen und weitere 4 Eier aufschlagen (je nach Appetit).

SALAT Den Salat mit Zitronensaft, Salz, Olivenöl und Pfeffer anmachen. Brot dazu reichen.

FÜR FREITAG Nicht vergessen, die Suppe zum Auftauen in den Kühlschrank zu stellen.

woche 05

Freitag

Brunnenkressesuppe

Fertig in 10 Min., davon 5 Min. Küchenarbeit

Brot einplanen.
Die Suppe in einem Topf erhitzen. Mit Brot und dem restlichen Würzmittel mit Granatapfel servieren.

Pancakes

Fertig nach 20 Min. Küchenarbeit

TEIG 4 Eier in einer Schüssel mit der Milch verquirlen und in die trockene Mehlmischung gießen. Nicht zu gründlich verrühren, der Teig darf etwas klumpig bleiben.

BACKEN Eine Pfanne erhitzen, mit Butter einfetten, dazu ein Stück Küchenpapier verwenden. 3 kleine Schöpflöffel Teig für 3 Pancakes in die Pfanne geben. Wenn sich auf der Oberseite Bläschen bilden, die Pancakes wenden und noch 1 Minute backen. Die Pancakes auf einen Teller legen und mit Alufolie abdecken, um sie warm zu halten. Die Pfanne wieder einfetten und weitere Pancakes backen, bis der Teig aufgebraucht ist. Mit Ahornsirup servieren.

Woche 06

ZEITAUFWAND
2 STD.
KÜCHEN-
ARBEIT

JAHRESZEIT
ENDE DES
WINTERS

Im Frühling junges Frühgemüse verwenden.

Montag

Eintopf mit Persillade

Dienstag

Salat aus Eintopfresten vom Vortag

Mittwoch

Risotto

Donnerstag

Nudeln in Eintopfbrühe, Zitronengrassauce

Freitag

Croque Monsieur, Salat

Bonus-Rezept

Sandgebäck

FÜR
VEGETARIER

Wählen Sie einen anderen Speiseplan. Den Risotto dieses Wochenplans können Sie aber einmal mit Gemüsebrühe kochen.

SIE MÖGEN
KEINE

weißen Rüben: durch entsprechend mehr Lauch ersetzen.

Für die Aufbewahrung

6 Dosen mit ca. 300 ml Fassungsvermögen
3 Dosen mit ca. 750 ml Fassungsvermögen
2 Dosen mit ca. 1½ l Fassungsvermögen
1 Geschirrtuch oder 1 Beutel

Kochutensilien

1 großer Kochtopf
1 Stieltopf
1 Pfanne
Standmixer
1 Backblech oder
1 ofenfeste Form
Backpapier

DONNERSTAG
MITTWOCH
FREITAG
DIENSTAG
MONTAG
BONUS

woche 06

Die Einkäufe

Obst, Gemüse und Kräuter

- ❏ 1 Stange Lauch
- ❏ 25 kleine Kartoffeln
- ❏ 1 Staudensellerie
- ❏ 10 Karotten
- ❏ 5–6 weiße Rüben
- ❏ 3 Zwiebeln
- ❏ 1 Kräutersträußchen (Thymian, Lorbeer, glatte Petersilie)
- ❏ 2 Romanasalate
- ❏ 4 Schalotten
- ❏ 1 Bund glatte Petersilie
- ❏ 1 Bund Koriander
- ❏ 1 Zitrone
- ❏ Kirschtomaten oder eine andere Rohkost der Saison
- ❏ 1 Spitzkohl oder 1 kleiner Wirsing
- ❏ 4 Stangen Zitronengras

Frisch

- ❏ 2 ½ kg Schmorfleisch (Im Idealfall eine Mischung verschiedener Stücke: mageres Schulterstück, Schwanzstück, Querrippe etc. Beim Metzger beraten lassen. Wer möchte, nimmt Markknochen dazu.)
- ❏ 8 Scheiben gekochter Schinken
- ❏ 400 g Comté-Käse
- ❏ 250 g weiche Butter (rechtzeitig aus dem Kühlschrank nehmen)
- ❏ Crème fraîche

Sonstiges

- ❑ 400 g Risottoreis
- ❑ 300 g chinesische Eiernudeln (oder Soba)
- ❑ Dicke Cornichons sowie weiteres Essiggemüse
- ❑ 2 Bio-Gemüsebrühwürfel
- ❑ 2–3 Safranfäden

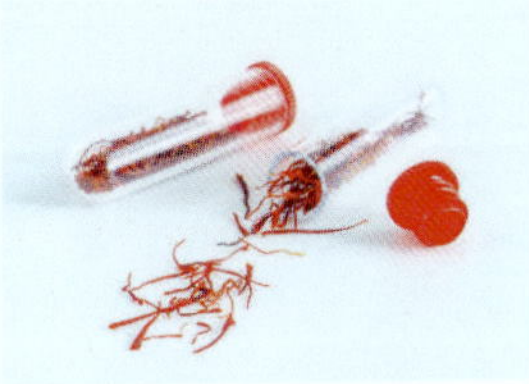

Aus dem Vorratsschrank

- ❑ Gewürznelken
- ❑ Olivenöl
- ❑ Sonnenblumenöl
- ❑ Sojasauce
- ❑ Erdnussmus, crunchy
- ❑ Mehl
- ❑ Weißwein
- ❑ Senf
- ❑ Zucker
- ❑ Pfefferkörner
- ❑ Salz, Pfeffer

woche 06 Sonntag

1. Vorbereitende Arbeiten

30 Min.

Lauch putzen (Wurzelende abschneiden, die Stange der Länge nach aufschneiden, dabei das Ende nicht durchschneiden), gründlich waschen und in Stücke schneiden.
Die Karotten schälen und in Stücke schneiden.
Die Rüben waschen und vierteln.
Zwiebeln und Schalotten schälen. 2 Zwiebeln hacken.
Kartoffeln schälen und in kaltes Wasser legen.
→ DOSE → KÜHLSCHRANK
Die Salate waschen und trockenschütteln.
→ GESCHIRRTUCH ODER BEUTEL → KÜHLSCHRANK
Kräuter waschen und abtropfen lassen, die Blätter abzupfen.
Sellerie waschen.
Kohl waschen und in Stücke schneiden.
→ GESCHIRRTUCH ODER BEUTEL → KÜHLSCHRANK

2. Eintopf

15 Min.

FLEISCH UND GEMÜSE Das Fleisch, ⅓ der Rüben und der Karotten, den Lauch und den Sellerie mit kaltem Wasser in einen großen Kochtopf geben. Alles andere Gemüse einpacken. **→ DOSE → KÜHLSCHRANK**
KRÄUTERSTRÄUSSCHEN 10 Pfefferkörner, 1 mit 2 Gewürznelken gespickte Zwiebel und das Kräutersträußchen in den Topf geben. Wasser aufkochen, dann alles bei niedriger Temperatur 3–4 Stunden köcheln lassen, dabei regelmäßig abschäumen. Abkühlen lassen. Das Fleisch und das Gemüse durch ein Sieb abgießen, dabei die Brühe auffangen und in eine Dose füllen. **→ DOSE → KÜHLSCHRANK** Gemüse und Fleisch einpacken. **→ DOSE → KÜHLSCHRANK**

3. Persillade und Zitronengrassauce

10 Min.

ZUBEREITUNG 2 Schalotten mit Petersilien- und Korianderblättern im Standmixer oder per Hand hacken, eine kleine Menge der Kräuter abnehmen. Den Rest in 2 Portionen teilen. **→ DOSE → KÜHLSCHRANK**
PERSILLADE Eine Hälfte der Mischung mit etwas Salz und Pfeffer, etwas Zitronensaft und etwas Senf vermischen und mit Olivenöl bedecken. **→ DOSE → KÜHLSCHRANK**
ZITRONENGRASSAUCE Die andere Hälfte der Mischung mit dem zarten »Herzen« von 4 Stangen Zitronengras, 2 EL Sojasauce und 2 TL Zucker pürieren. 2 EL Sonnenblumenöl und 2 EL Erdnussmus untermischen.
→ DOSE → KÜHLSCHRANK

4. Risotto

20 Min.

250 g Comté reiben.
→ DOSE → KÜHLSCHRANK
2 Schalotten hacken und in einem Topf mit 30 g Butter und 1 Prise Salz bei milder Hitze 7–8 Minuten glasig dünsten, sie sollen keine Farbe annehmen.
→ DOSE → KÜHLSCHRANK

5. Croque

15 Min.

2 gehackte Zwiebeln mit 1 Prise Salz in 20 g Butter bei mittlerer Hitze 12–15 Minuten dünsten; sie sollen weich werden und ganz leicht Farbe annehmen. 1 Prise Zucker und etwas Sojasauce zugeben. Abkühlen lassen. **→ DOSE → KÜHLSCHRANK**

6. Sandgebäck

30 Min.

200 g Butter in eine Schüssel geben und mit einem Spatel bearbeiten, bis sie sehr weich ist. 90 g Zucker und 1 Prise Salz zugeben und weiterschlagen. 300 g gesiebtes Mehl und die fein abgeriebene Zitronenschale zugeben. Alles zu einem Teig vermischen, ohne zu lange zu kneten. Den Teig auf einem mit Backpapier ausgelegten Backblech oder in einer gefetteten ofenfesten Form mit den Händen ca. 2 cm dick ausbreiten. Die Oberfläche mithilfe eines Glases glätten.
→ MIT FRISCHHALTEFOLIE ABDECKEN → KÜHLSCHRANK

woche 06

Montag

Eintopf mit Persillade

Fertig in 25 Min., davon 10 Min. Küchenarbeit

GEMÜSE Das Fett, das sich oben auf der Brühe abgesetzt hat, abschöpfen und wegwerfen. Die Brühe aufkochen. Die Kartoffeln dazugeben. Nach 15 Minuten die Karotten, den Kohl und die Rüben dazugeben und 10–15 Minuten kochen.
FLEISCH Das Gemüse aus der Brühe nehmen. Das Fleisch und das mit dem Fleisch gekochte Gemüse in der Brühe erhitzen. ⅓ vom Fleisch und dem frisch gekochten Gemüse beiseitestellen. Beinahe die gesamte Brühe bis auf 4 Schöpflöffel zum Servieren aufheben.
ANRICHTEN Das Fleisch und das Gemüse mit etwas Brühe, Persillade (auch für Dienstag und Freitag davon etwas aufheben), Senf und den Cornichons servieren.

Salat aus Eintopfresten vom Vortag

Fertig in 20 Min., davon 10 Min. Küchenarbeit

Brot einplanen.
Die Hälfte der Salatblätter (die andere Hälfte für Freitag aufheben) in eine Salatschüssel geben. Auf den Salatblättern in Würfel geschnittene Fleischreste, in Würfel geschnittene Cornichons, halbierte Kirschtomaten, das kalte gekochte Gemüse und 150 g in Würfel geschnittenen Comté verteilen. Mit Persillade anmachen (für Freitag noch etwas davon aufheben).

woche 06 Mittwoch

Risotto

Fertig nach 25 Min. Küchenarbeit

BRÜHE Praktisch die ganze restliche Brühe (bis auf 2–3 Schöpflöffel) erhitzen. Falls nötig mit Wasser und aufgelösten Brühwürfeln verlängern, um ca. 1,2 Liter zu bekommen. Die Safranfäden zugeben.

REIS Die glasigen Schalotten in einen Schmortopf oder einen Stieltopf geben. Wenn sie heiß sind, den Reis zugeben und anbraten. 120 ml Weißwein zugießen und bei mittelstarker Hitze verdampfen lassen. Schöpflöffelweise unter Rühren die Brühe zugießen, vor jeder neuen Zugabe soll der Reis die Feuchtigkeit ganz aufgenommen haben. Nach 20 Minuten sollte der Reis al dente sein. 2 EL Crème fraîche und die Hälfte des geriebenen Käses und der gehackten glatten Petersilie unterrühren. Servieren.

Donnerstag

woche 06

Nudeln in Eintopfbrühe, Zitronengrassauce

Fertig in 25 Min., davon 15 Min. Küchenarbeit

Die Nudeln in einem Topf mit Wasser nach Packungsanweisung kochen (in der Regel 4 Minuten). Durch ein Sieb abgießen, mit kaltem Wasser abspülen und abtropfen lassen. Die 2–3 Schöpflöffel restliche Brühe in einem Topf erhitzen. Die Nudeln in der Brühe und mit Zitronengrassauce und den restlichen Kräutern servieren.

woche 06 **Freitag**

Croque Monsieur, Salat

Fertig in 20 Min., davon 15 Min. Küchenarbeit

Gutes Landbrot, in Scheiben geschnitten, einplanen.

ZWIEBELN UND BROT Den Backofen auf 180 °C vorheizen. Die karamellisierten Zwiebeln in einer Pfanne erhitzen und herausnehmen. Die Brotscheiben nacheinander in der Pfanne mit etwas Butter goldbraun braten (Sie können sie auch im Toaster rösten, um Fett zu sparen).

SANDWICHES Mit je 2 Schinkenscheiben, die auf die Größe der Brotscheiben zugeschnitten sind, geriebenem Comté und den Zwiebeln Sandwiches zusammenstellen. 5–10 Minuten in den Backofen schieben, dabei gut im Auge behalten. Dazu Salat servieren, der mit der restlichen Persillade (oder mit Öl, Zitronensaft und Salz) angemacht ist.

Bonus-Rezept

woche 06

Sandgebäck

Fertig in 1 Std., davon 5 Min. Küchenarbeit

Den Backofen auf 150 °C vorheizen. Mit einem Messer auf dem Teig die Stückeinteilung einritzen (ohne wirklich zu schneiden). Je nach Dicke des Teiges 45 Minuten bis 1 Stunde im Ofen backen. Der Teig soll ziemlich hell bleiben. Abkühlen lassen, dann in die vormarkierten Stücke zerteilen.

Woche 07

ZEITAUFWAND
1 STD. 30 MIN.
KÜCHEN-ARBEIT

JAHRESZEIT FRÜHLING

Außerhalb der Saison den Ziegenkäse durch Frischkäse aus Kuhmilch und die Minze durch Petersilie ersetzen.

Montag

Tikka-Spieße, Joghurtsauce, Rucola

Dienstag

Omelette mit Ziegenkäse und Kräutern, Rucola

Mittwoch

Chicken-Biryani, Cranberrys

Donnerstag

Reisschale, gerösteter Brokkoli und Joghurtsauce

Freitag

Kräutersuppe mit Ravioli

Bonus-Rezept

Müsli

FÜR VEGETARIER

Die Hähnchenspieße durch eine Gemüsetarte (Woche 9) ohne Schinken ersetzen, beim Biryani das Hähnchenfleisch weglassen.

SIE MÖGEN KEINEN

Brokkoli: in der Saison durch Spargel ersetzen.

Für die Aufbewahrung

3 Dosen mit ca. 300 ml Fassungsvermögen
2 Dosen mit ca. 750 ml Fassungsvermögen
2 Dosen mit ca. 1½ l Fassungsvermögen
1 Geschirrtuch oder Frischhaltefolie

Kochutensilien

1 große ofenfeste Form
12 Spieße
1 Backblech
1 großer Topf
1 große Pfanne
Pürierstab

FREITAG
MITTWOCH
DONNERSTAG
BONUS
DIENSTAG
MONTAG

woche 07

Die Einkäufe

Obst, Gemüse und Kräuter

- ❏ 1 Bund Dill
- ❏ 1 Bund Koriander
- ❏ 300 g Rucola
- ❏ 2 Brokkoli
- ❏ 1 Bund Minze
- ❏ Einige Oregano- oder Thymianzweige, frisch oder getrocknet
- ❏ 1 Orange
- ❏ Frische Früchte
- ❏ 5 cm frischer Ingwer
- ❏ 500 g enthülste Erbsen (TK-Erbsen sind gut geeignet)
- ❏ 3 Zitronen
- ❏ 3 kleine rote Zwiebeln
- ❏ 1 Bund Petersilie
- ❏ 6 Knoblauchzehen

Frisch

- ❏ 5 Hähnchenbrustfilets oder Hähnchenoberkeulen ohne Knochen
- ❏ 1 kg griechischer Joghurt
- ❏ 12 Eier
- ❏ 200 g Ziegenfrischkäse
- ❏ 200 ml Sahne oder Kokosmilch
- ❏ 60 g Butter
- ❏ 2 Packungen Ravioli mit Käsefüllung (ca. 500 g)

Sonstiges

- ❏ 500 g Basmatireis
- ❏ 2 EL Kokosflocken (optional)
- ❏ 125 g Haselnüsse
- ❏ 2 EL beliebiges Getreide
- ❏ 200 g Cranberrys
- ❏ 8–12 Pitabrote
- ❏ 300 g Haferflocken

Aus dem Vorratsschrank

- ❏ Gewürzmischung Garam Masala
- ❏ Olivenöl
- ❏ Paprikapulver
- ❏ 4 Bio-Gemüsebrühwürfel
- ❏ Honig
- ❏ Getrockneter Oregano oder Thymian
- ❏ Salz, Pfeffer

woche 07

Sonntag

1. Vorbereitende Arbeiten

30 Min.

Falls Sie Holzspieße verwenden, diese 30 Minuten in Wasser legen.
Kräuter waschen. Von Petersilie, Minze und Koriander die Blätter abzupfen.
→ DOSE → KÜHLSCHRANK
Brokkoli waschen, putzen, den Stiel abschneiden (aufheben), die Köpfe in Röschen zerteilen. Zwiebeln, Ingwer (bei Bioware unnötig) und Knoblauch schälen.
Die Zwiebel in Scheiben schneiden.
→ DOSE → KÜHLSCHRANK
Den Brokkoli mit 1 geriebenen Knoblauchzehe, 1 TL Garam Masala, etwas Thymian oder Oregano, Salz und 2 EL Olivenöl mischen.
→ DOSE → KÜHLSCHRANK
Den Rucola verlesen, waschen und vorsichtig trockenschütteln **→ GESCHIRRTUCH → KÜHLSCHRANK**

2. Joghurtsauce

5 Min.

500 g Joghurt, die fein abgeriebene Schale 1 Zitrone, 3 EL Zitronensaft, 2 EL Olivenöl, 2 geriebene Knoblauchzehen, einige Oregano- oder Thymianblättchen und Salz mischen. Abschmecken und ggf. nachwürzen.
Die Hälfte dieser Sauce aufbewahren.
→ DOSE → KÜHLSCHRANK

3. Marinade für das Hähnchenfleisch

10 Min.

MARINADE Unter die restliche Joghurtsauce die Hälfte des geriebenen Ingwers, 1 EL Garam Masala und 1 TL Paprikapulver mischen.
SPIESSE Das Hähnchenfleisch in 2–3 cm dicke Stücke schneiden. Diese Stücke auf die Spieße stecken und die Spieße über eine ofenfeste Form legen. Das Fleisch mit der Marinade bestreichen.
→ MIT FRISCHHALTEFOLIE ABDECKEN → KÜHLSCHRANK

4. Suppe

15 Min.

Brokkolistiele, 300 g Erbsen und 2 Brühwürfel in einen großen Topf geben und 1 Liter Wasser zugießen. Aufkochen und 20 Minuten kochen, bis der Brokkoli weich ist. 2 geriebene Knoblauchzehen, die Hälfte des restlichen geriebenen Ingwers, die Hälfte der Petersilie und des Korianders, 150 g Rucola, beinahe den gesamten Dill und 5–6 Minzblätter zugeben. 3 Minuten kochen, dann mit der Sahne oder Kokosmilch mithilfe eines Pürierstabs pürieren.
→ SCHRAUBGLAS → GEFRIERTRUHE

5. Biryani

15 Min.

2 Zwiebeln hacken und in 30 g Butter mit 1 Prise Salz bei milder Hitze in einer Pfanne oder einem Topf 8–10 Minuten dünsten. 1 geriebene Knoblauchzehe und den restlichen geriebenen Ingwer zugeben, 1 Minute rühren, dann 1 EL Garam Masala und ⅓ der Cranberrys zugeben. Abkühlen lassen. **→ DOSE → KÜHLSCHRANK**

6. Müsli

15 Min.

MÜSLI Den Backofen auf 150 °C vorheizen. Die Haferflocken in eine große ofenfeste Form oder auf ein Backblech streuen, 2 EL Olivenöl, 2 EL Honig, ¾ der Nüsse, das Getreide, 2 EL Kokosflocken (optional), etwas abgeriebene Zitronen- und Orangenschale und 1 Prise Salz zugeben und untermischen.
BACKEN 2 Backbleche verwenden, wenn eines zu voll wird. Müsli 30 Minuten in den Backofen schieben, von Zeit zu Zeit umrühren. Abkühlen lassen. Dann die restlichen Cranberrys untermischen. **→ SCHRAUBGLAS → VORRATSSCHRANK**

Montag

Tikka-Spieße, Joghurtsauce, Rucola

Fertig in 30 Min., davon 10 Min. Küchenarbeit

SPIESSE Den Backofen auf Grillstufe vorheizen. Die Spieße aus dem Kühlschrank nehmen und nach Möglichkeit so über die ofenfeste Form legen, dass die Enden über die Ränder hinausragen. 15–20 Minuten im Ofen grillen, dabei ein- oder zweimal wenden. Die Pitabrote etwas anfeuchten und unten im Herd erwärmen. 2–3 Spieße für das Biryani aufheben, diese Spieße abkühlen lassen und im Kühlschrank aufbewahren.

SERVIEREN Die Pitabrote und die Spieße mit dem Bratensaft und der Joghurtsauce (einen Teil davon für Donnerstag aufheben), bestreut mit etwas Paprikapulver, Rucola (einen Teil für Dienstag aufheben), Minzblättern, Zitronenvierteln und Zwiebelscheiben servieren.

Omelette mit Ziegenkäse und Kräutern, Rucola

Fertig nach 10 Min. Küchenarbeit

EIER Die Minzblätter zerzupfen. 12 Eier in eine Schüssel aufschlagen, salzen, pfeffern und das Eigelb mit einer Gabel aufstechen, ohne die Eier zu schlagen. 30 g Butter in einer großen Pfanne bei starker Hitze erhitzen, die Eier in die Pfanne gießen.

GAREN Wenn die Ränder gestockt sind, die Pfanne etwas neigen und die feste Eimasse an den Rand schieben, sodass das noch flüssige Ei sich auf dem Boden verteilt. Wenn die Ränder wiederum gestockt sind, den Ziegenkäse auf dem Omelette zerkrümeln und mit Minze bestreuen. Das Omelette in der Mitte zusammenklappen. Die Hitze etwas reduzieren und das Omelette fertig garen. Mit Rucolablättern servieren, die mit Olivenöl und Zitronensaft angemacht sind.

Mittwoch

Chicken-Biryani mit Cranberrys

Fertig in 20 Min., davon 10 Min. Küchenarbeit

Die Biryani-Mischung in einem Topf erhitzen. Die restlichen Erbsen zugeben. Das restliche Hähnchenfleisch vom Montag klein schneiden, zur Mischung dazugeben und unterrühren. 1 Brühwürfel in 125 ml kochendem Wasser auflösen und mit dem Reis in den Topf geben. Aufkochen, die Hitze reduzieren und alles 11 Minuten kochen. Mit gehacktem Koriander und gehackter Petersilie bestreuen und mit 1 EL Joghurt servieren.
⅓ bis die Hälfte vom Reis für Donnerstag aufheben.

Reisschale, gerösteter Brokkoli und Joghurtsauce

Fertig in 30 Min., davon 5 Min. Küchenarbeit

Den Backofen auf 200 °C vorheizen. Die Brokkoliröschen auf einem Backblech verteilen und 20 Minuten im Ofen garen. Den kalten Reis vom Vortag mit dem Brokkoli mischen und mit Joghurtsauce servieren. Mit den restlichen gehackten Haselnüssen bestreuen.

FÜR FREITAG Die Suppe zum Auftauen in den Kühlschrank stellen.

woche 07

Freitag

Kräutersuppe mit Ravioli

Fertig in 10 Min., davon 5 Min. Küchenarbeit

Die Suppe erhitzen. Wasser in einem Topf erhitzen und 1 Brühwürfel darin auflösen. Die Ravioli darin nach Packungsanweisung ziehen lassen (in der Regel 2–3 Minuten).
Die Suppe in tiefen Tellern mit den Ravioli und gehacktem Dill servieren.

Bonus-Rezept

woche 07

Müsli

Fertig nach 5 Min. Küchenarbeit

Das Müsli mit Joghurt und frischen Früchten zum Frühstück servieren.

Woche 08

ZEITAUFWAND
1 STD.
30 MIN.
KÜCHEN-
ARBEIT

JAHRESZEIT
FRÜHLING
Außerhalb der Saison Fenchel und Orange durch Tomaten und weiße Pfirsiche ersetzen.

Montag
Fischauflauf, Salat

Dienstag
Nudelsalat mit Fenchel, Orange, Cashewkernen

Mittwoch
Quiche mit rohem Schinken, Salat

Donnerstag
Pasta mit Knoblauchöl,
Gurkensalat, Joghurtsauce

Freitag
Erbsensuppe, Knoblauch-Crostini

Bonus-Rezept
Scones

FÜR VEGETARIER
Das Fischgericht durch ein Gemüsegratin ersetzen (Wochen 2 und 10).

SIE MÖGEN KEINEN
Brokkoli: in der Saison durch Spargel ersetzen.

Für die Aufbewahrung
6 Dosen mit ca. 300 ml Fassungsvermögen
2 Dosen mit ca. 750 ml Fassungsvermögen

Kochutensilien
2 ofenfeste Formen
1 großer Topf
Pürierstab
1 kleiner Topf
Teigroller
Backpapier

DIENSTAG
DONNERSTAG
FREITAG
ITTWOCH
MONTAG
BONUS

woche 08

Die Einkäufe

Obst, Gemüse und Kräuter

- ❏ 600 g Kartoffeln
- ❏ 2 Orangen
- ❏ 1 beliebiger Salat
- ❏ 4 Fenchel
- ❏ 1 große Gurke (oder 2 kleine)
- ❏ 1 Zitrone
- ❏ 1 Bund Basilikum
- ❏ 7 Knoblauchzehen
- ❏ 800 g enthülste Erbsen (TK-Erbsen sind gut geeignet)

Frisch

- ❏ 900 g Fischfilet, z. B. Seehecht
- ❏ 1 Packung Blätterteig
- ❏ 300 g Feta
- ❏ 3 Eier
- ❏ 100 g Butter
- ❏ 200 ml Crème fraîche
- ❏ 750 g griechischer Joghurt
- ❏ 200 ml Milch
- ❏ 250 g roher Schinken

Sonstiges

- ❏ 1 kg Pasta
- ❏ 100 g Cashewkerne

Aus dem Vorratsschrank

- ❏ Olivenöl
- ❏ 400 g Mehl
- ❏ 60 g Zucker
- ❏ 1 Päckchen Backpulver
- ❏ Honig oder Marmelade
- ❏ Muskatnuss
- ❏ Salz, Pfeffer

woche 08

Sonntag

1. Vorbereitende Arbeiten

25 Min.

Die Kartoffeln schälen und waschen. In einen großen Topf geben, mit gesalzenem Wasser bedecken und das Wasser zum Kochen bringen. Dann 10 Minuten köcheln lassen. Kartoffeln in dünne Scheiben schneiden.
Den Salat waschen und trockenschütteln.
→ GESCHIRRTUCH ODER BEUTEL → KÜHLSCHRANK
Fenchel putzen, waschen und in sehr dünne Scheiben schneiden. Die Hälfte der Scheiben in Eiswasser legen.
→ DOSE → KÜHLSCHRANK
Die Knoblauchzehen schälen. Das Basilikum waschen, trockenschütteln und die Blätter abzupfen.

2. Aromaöl, Joghurtsauce und Fenchel

15 Min.

FENCHEL Die restlichen Fenchelscheiben 5 Minuten bei mittelstarker Hitze mit 1 EL Olivenöl in einer Pfanne braten. Salzen, pfeffern.
→ DOSE → KÜHLSCHRANK
AROMAÖL 6 Knoblauchzehen in Scheiben schneiden. Mit 300 ml Olivenöl in einen kleinen Topf geben. 10 Minuten bei schwacher Hitze erhitzen. Den Herd ausschalten, ein Dutzend Basilikumblätter zugeben. Abkühlen lassen und durch ein Sieb abgießen (das ist nicht nötig, wenn Sie die Knoblauchstücke und Blätter mitessen möchten). **→ DOSE → KÜHLSCHRANK**
JOGHURTSAUCE 300 g Joghurt mit 1 geriebenen Knoblauchzehe, etwas Zitronenschale und 2 TL Zitronensaft und Salz mischen. **→ DOSE → KÜHLSCHRANK**

3. Fischauflauf

15 Min.

Den Backofen auf 180 °C vorheizen. Den Boden einer ofenfesten Form mit etwas Knoblauchöl beträufeln. Die Fischfilets in Stücke schneiden und in der Form verteilen. 100 g Erbsen daraufgeben, dann die dünnen Kartoffelscheiben in Reihen darauf verteilen. Mit Olivenöl beträufeln. Etwa 40 Minuten im Ofen backen, bis der Fisch und die Kartoffeln weich sind. Abkühlen lassen. **→ MIT FRISCHHALTEFOLIE ABDECKEN → KÜHLSCHRANK**

4. Suppe

10 Min.

700 g Erbsen und 1 EL Aromaöl in einen Topf geben. 5 Minuten bei mittlerer Hitze unter Rühren garen, so viel Wasser zugießen, dass die Erbsen knapp damit bedeckt sind, und 10 Minuten kochen lassen. Die Hälfte des restlichen Basilikums und 150 g Joghurt zugeben. Suppe mit dem Pürierstab pürieren oder besser noch durch ein Passiergerät mit feinem Einsatz drücken (dabei werden alle Schalen beseitigt). Abkühlen lassen. → **SCHRAUBGLAS** → **GEFRIERTRUHE** Das restliche Basilikum einpacken. → **DOSE** → **KÜHLSCHRANK**

5. Pasta

10 Min.

400 g Hartweizenpasta in einem Topf mit kochendem Wasser nach Packungsanweisung kochen, in einem Sieb abtropfen lassen, mit Olivenöl beträufeln und abkühlen lassen.
→ **DOSE** → **KÜHLSCHRANK**

6. Quiche

10 Min.

3 Eier mit 200 ml Crème fraîche und 300 g Joghurt in einer Schüssel verrühren. Mit Salz, Pfeffer und Muskatnuss würzen. → **DOSE**
→ **KÜHLSCHRANK**

7. Vinaigrette

5 Min.

In einem Schraubglas 2 EL Zitronensaft, 1 EL Orangensaft, etwas Zitronenschale, 1 EL aromatisiertes Öl und 5 EL Olivenöl mischen, salzen und pfeffern. Glas verschließen und Vinaigrette gut schütteln.
→ **KÜHLSCHRANK**

8. Scones

20 Min.

TEIG Mehl, Backpulver und Zucker in einer Schüssel vermischen, 1 Prise Salz und 1 TL fein abgeriebene Orangen- und Zitronenschale zugeben. Die in Stücke geschnittene Butter dazugeben und mit dem Mehl zwischen den Fingerspitzen zerkrümeln. Die Milch dazugießen und alles schnell zu einem glatten Teig verarbeiten.
FORMEN Den Teig mit dem Teigroller ca. 2 ½ cm dick ausrollen. Mit einem Plätzchenausstecher oder einem Glas, dessen Rand in Mehl getaucht wird, Kreise ausstechen. Auf ein mit Backpapier belegtes Blech setzen. → **MIT FRISCHHALTEFOLIE ABDECKEN**
→ **GEFRIERSCHRANK**
Sobald die Scones gefroren sind, vom Blech nehmen und in einer Dose oder Tüte aufbewahren, damit sie weniger Platz wegnehmen.

Fischauflauf, Salat

Fertig in 25 Min., davon 5 Min. Küchenarbeit

Den Backofen auf 170 °C vorheizen. Den Fischauflauf 20 Minuten im Ofen garen. Mit einem Salat (davon etwas für Mittwoch aufheben) servieren.

Nudelsalat mit Fenchel, Orange, Cashewkernen

Fertig nach 10 Min. Küchenarbeit

SALAT Die fertigen Nudeln am besten schon etwas früher aus dem Kühlschrank nehmen. Mit den Cashewkernen, dem abgetropften rohen Fenchel und dem angebratenen Fenchel mischen.
ORANGE Die Orange mit einem Messer schälen, die Haut entfernen und das Fruchtfleisch in Scheiben schneiden.
DRESSING Die Nudeln mit den restlichen Zutaten mischen und mit Joghurtsauce und Vinaigrette anmachen.

woche 08 Mittwoch

Quiche mit rohem Schinken, Salat

Fertig in 40 Min., davon 10 Min. Küchenarbeit

Den Backofen auf 180 °C vorheizen. Eine ofenfeste, mit Backpapier ausgekleidete Form mit dem Blätterteig auslegen, diesen mit einer Gabel mehrmals einstechen. 150 g Schinken in Streifen schneiden und auf dem Teig verteilen. Die Quiche-Masse einfüllen und die Quiche 30–35 Minuten im Ofen backen. Dazu gibt es Salat, angemacht mit Vinaigrette.

Donnerstag

woche 08

Pasta mit Knoblauchöl, Gurkensalat, Joghurtsauce

Fertig in 20 Min., davon 10 Min. Küchenarbeit

Die restliche Pasta in einem Topf mit Salzwasser nach Packungsanleitung kochen. Die Gurke schälen und in dünne Scheiben schneiden. Mit der Joghurtsauce mischen. Die Pasta abtropfen lassen, mit dem Knoblauchöl vermischen und mit Basilikum bestreuen.

FÜR FREITAG Die Suppe zum Auftauen in den Kühlschrank stellen.

woche 08 **Freitag**

Erbsensuppe, Knoblauch-Crostini

Fertig in 20 Min., davon 10 Min. Küchenarbeit

Brot einplanen.

Die Suppe bei schwacher Hitze in einem Topf erwärmen. Brot in Scheiben schneiden, toasten (im Backofen oder Toaster), mit Knoblauchöl beträufeln und den restlichen Schinken, Feta und Basilikum darauf verteilen.

Bonus-Rezept

woche 08

Scones

Fertig in 15 Min., davon 5 Min. Küchenarbeit

Die Scones mindestens 20 Minuten im Voraus (oder am Vortag, falls sie zum Frühstück gegessen werden) auf einem Backblech auftauen lassen. So viele Scones auftauen, wie verzehrt werden.
Den Backofen auf 180 °C vorheizen. Die Scones je nach Größe 12–15 Minuten im Ofen backen. Mit Butter und Honig oder Marmelade servieren.

Woche 09

ZEITAUFWAND
1 STD. 50 MIN.
KÜCHEN-ARBEIT

JAHRESZEIT FRÜHLING
Außerhalb der Saison die grünen Bohnen durch Wirsing ersetzen.

Montag
Seehecht, grüne Bohnen und Radieschen, Pesto, Bulgur

Dienstag
Mangoldtarte, Kirschtomaten

Mittwoch
Pasta mit Pesto

Donnerstag
Gemüse-Couscous, Merguez

Freitag
Pesto-Suppe

Bonus-Rezept
Rhabarbergratin

FÜR VEGETARIER
Das Fischgericht durch eine Shakshuk (Woche 10) ersetzen und bei Tarte und Suppe das Fleisch weglassen.

SIE MÖGEN KEINEN
Mangold: ersetzen durch Lauch oder Zucchini.

Für die Aufbewahrung
4 Dosen mit ca. 300 ml Fassungsvermögen
2 Dosen mit ca. 750 ml Fassungsvermögen
3 Dosen mit ca. 1½ l Fassungsvermögen
Frischhaltefolie

Kochutensilien
2 große Töpfe
1 Pfanne
Standmixer
1 ofenfeste Form

FREITAG
DONNERSTAG
MITTWOCH
BONUS
MONTAG
DIENSTAG

woche 09

Die Einkäufe

Obst, Gemüse und Kräuter

- ❏ 1 kg junge grüne Bohnen
- ❏ 1 Bund kleine Karotten
- ❏ 1 Bund Radieschen
- ❏ 3 Zucchini
- ❏ 4 kleine Stauden Mangold (ca. 1 kg)
- ❏ 2 Orangen
- ❏ 1 Zitrone
- ❏ 5–6 junge weiße Rüben
- ❏ 1 Fenchel
- ❏ 6 Knoblauchzehen
- ❏ 3–4 cm Ingwer
- ❏ 2 Schalen Kirschtomaten
- ❏ 3 Zwiebeln
- ❏ 3 Bund Basilikum
- ❏ 1 kg Rhabarber

Frisch

- ❏ 150–200 g geräucherter Schinken
- ❏ 400 g Tomme- oder Comté-Käse
- ❏ Frischer Seehecht: Filets oder ganzer Fisch, ausgenommen und abgeschuppt (ca. 600 g Filet, ca. 1,2 kg ganzer Fisch)
- ❏ 500 ml Crème fraîche
- ❏ 8 Merguez-Würste
- ❏ 2 Packungen Blätterteig
- ❏ Ziegenfrischkäse
- ❏ 2 Eier

Sonstiges

- ❏ 60 g Kürbiskerne
- ❏ 400 g Bulgur oder Couscous mit Gewürzen
- ❏ 400 g Kichererbsen (aus der Dose)
- ❏ 400 g Tomatenpüree (aus der Dose)
- ❏ 500 g Pasta (z. B. Spaghetti)

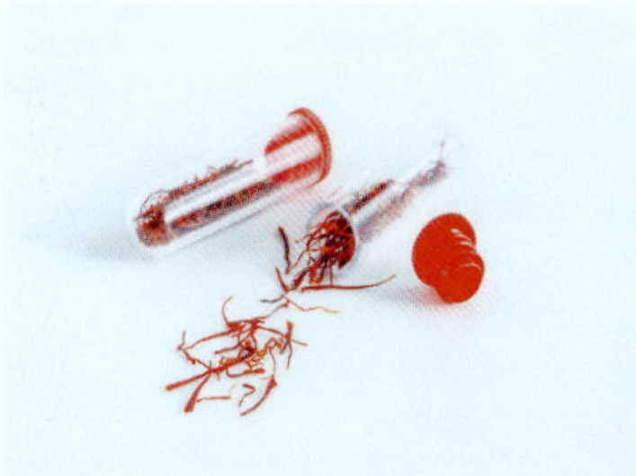

Aus dem Vorratsschrank

- ❏ Olivenöl
- ❏ Ras el-Hanout (nordafrikanische Gewürzmischung)
- ❏ 3 Bio-Gemüse- oder Hühnerbrühwürfel
- ❏ Einige Safranfäden (optional)
- ❏ 150 g Zucker
- ❏ Salz, Pfeffer

woche 09

Sonntag

1. Vorbereitende Arbeiten

30 Min.

In einem großen Topf gesalzenes Wasser aufkochen. Die grünen Bohnen waschen, putzen, 5–8 Minuten in das kochende Wasser legen und mit einem Schaumlöffel herausholen. In kaltem Wasser abschrecken. Abkühlen lassen. **→ SCHRAUBGLAS → KÜHLSCHRANK**
Das Basilikum waschen und trockenschütteln. Die Blätter abzupfen und verpacken. **→ SCHRAUBGLAS → KÜHLSCHRANK**
Die Radieschen putzen, waschen (frisches Radieschengrün mitverwenden). Die Hälfte der Radieschen einpacken. **→ SCHRAUBGLAS → KÜHLSCHRANK**
Den Mangold putzen, waschen, weiße und grüne Teile trennen und jeweils in Streifen schneiden. Die weißen Teile in kochendes gesalzenes Wasser legen, nach 2 Minuten die grünen Teile dazugeben, 2 Minuten kochen, dann abtropfen lassen. Die Karotten schälen, putzen und in Würfel schneiden. Die Rüben und den Fenchel putzen, waschen und ebenfalls in Würfel schneiden. Knoblauch, Ingwer und Zwiebeln schälen, die Zwiebeln in dünne Scheiben schneiden. Die Zucchini putzen, waschen, in Würfel schneiden.

2. Pesto

10 Min.

KÜRBISKERNE Eine Pfanne ohne Fett auf mittlerer Stufe erhitzen. Die Kürbiskerne in die Pfanne geben und rösten. Dabei Pfanne immer wieder rütteln, damit die Kerne nicht anbrennen. Sobald sie Farbe annehmen, auf einen Teller gleiten lassen.
ZUBEREITUNG Die Basilikumblätter, frisches Radieschengrün und 1 EL Mangold mit 100 ml Olivenöl, 2 geriebenen Knoblauchzehen, der Hälfte der Kürbiskerne, Salz und Pfeffer im Standmixer pürieren. In ein Schraubglas füllen und die Oberfläche mit Öl bedecken. **→ SCHRAUBGLAS → KÜHLSCHRANK**
Die restlichen Kürbiskerne verpacken. **→ SCHRAUBGLAS → VORRATSSCHRANK**

3. Gemüse für Couscous und Suppe

20 Min.

In einem großen Topf die Zwiebeln in 3 EL Olivenöl 7–8 Minuten bei mittelschwacher Hitze dünsten. Die Hälfte in einen anderen Topf umfüllen.
GEMÜSE FÜR COUSCOUS In den ersten Topf den geriebenen Ingwer und 2 geriebene Knoblauchzehen geben, 1 Minute rühren, dann 2 TL Ras el-Hanout zugeben und 1 Minute weiterrühren. Die Hälfte der Karotten, Rüben und Radieschen gut unterrühren. Fast die ganze Dose Tomatenpüree und die Hälfte der abgetropften Kichererbsen, 2 Brühwürfel und ausreichend Wasser zum Bedecken des Gemüses und 2 oder 3 Stücke mit einem Sparschäler abgeschälte Orangenzeste zugeben. Zum Kochen bringen, den Safran zugeben und alles zugedeckt 25 Minuten köcheln lassen, ⅓ der Zucchiniwürfel zugeben und weitere 10 Minuten köcheln lassen. Abkühlen lassen. **→ SCHRAUBGLAS → GEFRIERTRUHE**
SUPPE In den anderen Topf die Karotten, Rüben und die Hälfte des Fenchels geben und gründlich verrühren, zum Schluss die Hälfte der restlichen Zucchini zufügen und alles mit Wasser bedecken. 1 Brühwürfel zugeben, salzen, pfeffern und Suppe 20 Minuten leicht köcheln lassen, dann ¼ vom Mangold zugeben. Abkühlen lassen. **→ SCHRAUBGLAS → GEFRIERTRUHE**

4. Tarte

10 Min.

Den Backofen auf 180 °C vorheizen. Die beiden Blätterteige mit dem Backpapier auf ein Backblech legen. Mangold darauf verteilen, salzen, pfeffern, klein gezupften oder geschnittenen Schinken daraufstreuen. 300 g Tomme über die Tarte reiben. 2 Eier mit 300 ml Crème fraîche verrühren, mit Salz, Pfeffer, 1 geriebenen Knoblauchzehe würzen und über den Käse gießen. 25 Minuten im Ofen backen. Abkühlen lassen.
➜ MIT FRISCHHALTEFOLIE ABDECKEN ➜ GEFRIERTRUHE

5. Hummus

10 Min.

Die restlichen abgetropften Kichererbsen mit 2 EL Olivenöl, Salz, Pfeffer und etwas fein abgeriebener Zitronenschale, 2 TL Zitronensaft, 1 geriebenen Knoblauchzehe und einigen Basilikumblättern im Standmixer pürieren. **➜ SCHRAUBGLAS ➜ KÜHLSCHRANK**

6. Bulgur und Fisch

15 Min.

BULGUR Den Bulgur mit der doppelten Menge an gesalzenem kochendem Wasser übergießen. 2 EL Olivenöl einrühren und Bulgur 10 Minuten quellen lassen. Oder den Packungsanweisungen folgen, falls diese davon abweichen, dabei die angegebene Garzeit etwas verkürzen. Bulgur abkühlen lassen und auf zwei Gefäße verteilen. **➜ SCHRAUBGLAS ➜ KÜHLSCHRANK UND ➜ SCHRAUBGLAS ➜ GEFRIERTRUHE**

FISCH Den Fisch mit Olivenöl, Zitronenschale und der Schale 1 Orange (den Saft am Montag zugeben), Salz, Pfeffer und Basilikum würzen. Die restlichen Zucchiniwürfel, den Fenchel und das restliche Tomatenpüree zugeben. **➜ DOSE ➜ KÜHLSCHRANK**

7. Rhabarber

15 Min.

Den Rhabarber gründlich waschen, die Enden abschneiden, die Stängel schälen und in Stücke schneiden. Zusammen mit dem Zucker, der Schale von ½ Orange und 2 EL Orangensaft in eine ofenfeste Form füllen.
➜ MIT FRISCHHALTEFOLIE ABDECKEN ➜ KÜHLSCHRANK

woche 09

Montag

Seehecht, grüne Bohnen und Radieschen, Pesto, Bulgur

Fertig in 30–50 Min., davon 10 Min. Küchenarbeit

FISCH UND BULGUR Den Bulgur aus dem Kühlschrank nehmen. Den Backofen auf 120 °C vorheizen. Fisch und Gemüse in eine ofenfeste Form füllen, etwas Zitronen- und Orangensaft zugeben. Fischfilet 20 Minuten in den Ofen schieben, bei ganzen Fischen (400–500 g) beträgt die Garzeit 30 Minuten und bei einem großen Fisch (1 kg oder mehr) 40–50 Minuten.
GEMÜSE Die grünen Bohnen in eine Schüssel geben, mit ¼ des Pestos (bei Bedarf mit etwas Öl verflüssigen) und mit Zitronensaft würzen. Die Radieschen in sehr dünne Scheiben schneiden und über die Bohnen streuen. Kürbiskerne und zerzupfte Basilikumblätter zugeben. Den Fisch mit den Bohnen und 1 Portion Bulgur servieren.
FÜR DIENSTAG Die Mangoldtarte zum Auftauen in den Kühlschrank stellen.

Mangoldtarte, Kirschtomaten

Fertig in 20 Min., davon 10 Min. Küchenarbeit

Den Backofen auf 160 °C vorheizen und die Tarte darin 15 Minuten backen. Die Kirschtomaten waschen, halbieren und mit etwas Olivenöl beträufeln.

woche 09 **Mittwoch**

Pasta mit Pesto

Fertig in 15 Min., davon 5 Min. Küchenarbeit

Die Pasta in einem Topf mit reichlich gesalzenem Wasser kochen, dann abgießen. Den restlichen Tomme reiben. Die Pasta mit den restlichen ⅔ Pesto und dem Käse mischen. Servieren.

FÜR DONNERSTAG Gemüse-Couscous und den restlichen Bulgur zum Auftauen in den Kühlschrank stellen.

Donnerstag

woche 09

Gemüse-Couscous, Merguez

Fertig in 25 Min., davon 10 Min. Küchenarbeit

Den Backofen auf 220 °C vorheizen. Das Gemüse-Couscous aufwärmen. Die Würste in eine ofenfeste Form legen und 15–20 Minuten im oberen Drittel in den Backofen schieben. Den Bulgur mit 1 oder 2 Schöpflöffeln Gemüsebrühe erhitzen. Servieren.

FÜR FREITAG Suppe und Hummus zum Auftauen in den Kühlschrank stellen.

woche 09

Freitag

Pesto-Suppe

Fertig in 10 Min., davon 5 Min. Küchenarbeit

Brot einplanen.
Die Suppe in einem Topf erhitzen, 2–3 EL Hummus zugeben. Mit Ziegenkäse, Schinken, Pesto, Hummus und Brot servieren.

Bonus-Rezept

woche 09

Rhabarbergratin

Fertig in 20 Min., davon 5 Min. Küchenarbeit

Den Backofen auf 180 °C vorheizen. Die Form mit dem Rhabarber mit Alufolie abdecken und 20 Minuten in den Ofen schieben. Mit Crème fraîche, Quark oder Joghurt servieren.

Woche

10

Montag

Hähnchen-Taboulé

Dienstag

Gazpacho, Hummus

Mittwoch

Grüne Shakshuka, Feta

Donnerstag

Pasta mit Sommergemüse

Freitag

Gemüsegratin, Sardinen

Bonus-Rezept

Himbeerauflauf

ZEITAUFWAND
1 STD.
45 MIN.
KÜCHEN-
ARBEIT

JAHRESZEIT
SOMMER

FÜR VEGETARIER
Hähnchenfleisch durch Tofu, Sardinen durch weich gekocht Eier ersetzen.

SIE MÖGEN KEINEN
Feta: durch Mozzarella ersetzen.

Für die Aufbewahrung

4 Dosen mit ca. 300 ml Fassungsvermögen
4 Dosen mit ca. 750 ml Fassungsvermögen
2 Dosen mit ca. 1½ l Fassungsvermögen
Frischhaltefolie

Kochutensilien

1 Backblech
2 ofenfeste Formen
Standmixer
1 Pfanne

MITTWOCH
MONTAG
DIENSTAG
DONNERSTAG
BONUS
FREITAG

woche 10

Die Einkäufe

Obst, Gemüse und Kräuter

- ❏ 8–10 Zucchini
- ❏ 20 reife Tomaten
- ❏ 2 Gurken
- ❏ 3 rote Paprikaschoten
- ❏ 5 Knoblauchzehen
- ❏ 2 Bund glatte Petersilie
- ❏ 2 Zitronen
- ❏ 1 Bund Frühlingszwiebeln (7 Zwiebeln)
- ❏ 2 Bund Minze
- ❏ 300 g Himbeeren (TK-Himbeeren sind gut geeignet)
- ❏ 1 Bund Basilikum
- ❏ 1 Bund Koriander
- ❏ 200 g enthülste Erbsen (TK-Erbsen sind gut geeignet)

Frisch

- ❏ 150 g Feta
- ❏ 16 Eier
- ❏ 400 ml Milch
- ❏ 400 ml Crème fraîche
- ❏ 10 g Butter
- ❏ 2–3 Hähnchenbrüste
- ❏ 40 g Parmesan

Sonstiges

- ❑ 400 g Kichererbsen (aus der Dose)
- ❑ Grand Marnier oder Cointreau (optional)
- ❑ 150 g Bulgur
- ❑ 100 g entsteinte Oliven
- ❑ Sardinen aus der Dose (ausreichend für 4 Personen, je nach Appetit)
- ❑ 500 g Pasta
- ❑ 150 g ganze Mandeln

Aus dem Vorratsschrank

- ❑ Olivenöl
- ❑ 75 g Mehl
- ❑ Kreuzkümmelsamen
- ❑ 75 g Zucker
- ❑ Salz, Pfeffer
- ❑ Koriandersamen

woche 10

Sonntag

1. Vorbereitende Arbeiten

20 Min.

Die Kräuter waschen und die Blätter abzupfen. **→ DOSE → KÜHLSCHRANK**
Alle Gemüsesorten putzen und waschen. Die Tomaten in Scheiben schneiden.
Zucchini: 5 oder 6 Stück in 5 mm dicke Scheiben schneiden, den Rest würfeln.
Gurken: ⅔ in große Stücke schneiden, ⅓ in kleine Würfel.
Paprika: ⅔ in große Stücke schneiden, ⅓ in Würfel.
Knoblauch schälen, Frühlingszwiebeln putzen und waschen. 4 Zwiebeln in dünne Röllchen schneiden.
2 gehackte Zwiebeln mit den Zucchiniwürfeln, 1 EL Zitronensaft, 3 EL Olivenöl, Salz und Pfeffer mischen und einpacken. **→ DOSE → KÜHLSCHRANK**

2. Dukkah (Würzmischung)

10 Min.

Die Mandeln in einer Pfanne ohne Fett bei mittlerer Hitze rösten. Die Hälfte herausnehmen, 2 EL Koriandersamen und 1 EL Kreuzkümmelsamen zugeben. Diese Mischung im Mixer grob zerkleinern, salzen und pfeffern. Das ist die Würzmischung Dukkah.
→ SCHRAUBGLAS → VORRATSCHRANK
Die restlichen Mandeln länger zerkleinern, sodass ein feines Mehl entsteht.

3. Bulgur und Hähnchen

15 Min.

BULGUR Den Bulgur mit dem Doppelten seiner Menge an gesalzenem kochendem Wasser übergießen. 2 EL Olivenöl zugeben und Bulgur 10 Minuten quellen lassen. Oder den Packungsanweisungen folgen, falls diese davon abweichen, dabei die Quellzeit etwas verkürzen. Abkühlen lassen. **→ DOSE → KÜHLSCHRANK**
HÄHNCHENFLEISCH Das Hähnchenfleisch in Streifen schneiden und diese in einer Pfanne bei starker Hitze in Öl anbraten. 1 reichlichen TL Kreuzkümmelsamen zugeben, die Hitze reduzieren, Pfanne vom Herd nehmen, Fleisch abkühlen lassen. **→ DOSE → KÜHLSCHRANK**

4. Gemüsegratin

20 Min.

Den Backofen auf 180 °C vorheizen. Eine ofenfeste Form mit einer halbierten Knoblauchzehe einreiben. In die Form nun abwechselnd die Hälfte der Tomatenscheiben und ⅔ der Zucchinischeiben einschichten, dabei auch die gehackten Zwiebeln zugeben und ⅓ der Basilikumblätter darauf verteilen. Mit Olivenöl begießen. In eine andere ofenfeste Form oder auf ein Backblech die Zucchiniwürfel, die Paprikawürfel, die Hälfte der restlichen Tomaten und die restlichen Zucchinischeiben nach Sorten getrennt nebeneinanderlegen, mit Öl begießen, salzen und pfeffern. Beide Formen 40 Minuten im Ofen backen. Abkühlen lassen. **→ MIT FRISCHHALTEFOLIE ABDECKEN → GEFRIERTRUHE**

5. Hummus

10 Min.

KICHERERBSEN Die Hälfte der abgetropften Kichererbsen mit 2 TL Zitronensaft und etwas Zitronenschale, 1 EL gemahlenen Mandeln, 2 EL Olivenöl, Salz und Pfeffer, 2 EL frischem Koriander und 1 geriebenen Knoblauchzehe mixen. Abschmecken. **→ DOSE → KÜHLSCHRANK** Die restlichen Kichererbsen in das Schraubglas zu den Gurken und Zwiebeln geben. **→ SCHRAUBGLAS → KÜHLSCHRANK**

6. Gazpacho

5 Min.

GASZPACHO Die Hälfte der abgekühlten gebratenen Tomaten, die rohen Tomatenscheiben, die rohen Paprikastücke und die Gurkenstücke, die Hälfte des restlichen Basilikums, 2 EL Petersilie, 2 geriebene Knoblauchzehen, 3 Zwiebeln, Salz und Pfeffer und 3 EL Olivenöl mischen. **→ DOSE → KÜHLSCHRANK**

7. Pasta und grüne Shakshuka

10 Min.

DAS GEMÜSE FÜR DIE PASTA
Die Oliven hacken. Zusammen mit dem gebratenen Gemüse verpacken: Paprika, ⅔ der gewürfelten Zucchini und den restlichen Tomaten. **→ DOSE → KÜHLSCHRANK**
GRÜNE SHAKSHUKA Die gebratenen Zucchinischeiben mit den restlichen Basilikumblättern mixen, mit den restlichen Zucchiniwürfeln und 2 EL frischem Koriander, 1 EL Petersilie, dem gewürfelten Feta und den Erbsen einpacken. **→ DOSE → KÜHLSCHRANK**

8. Himbeerauflauf

15 Min.

Die Temperatur des Backofens auf 200 °C erhöhen. Eine ofenfeste Form einfetten. Die Himbeeren darin verteilen, mit etwas Zucker bestreuen und mit 2 EL Grand Marnier beträufeln. Crème fraîche, Milch, 8 Eier, 2 EL gemahlene Mandeln, Mehl und Zucker verrühren. Die Masse über die Himbeeren gießen. 30–40 Minuten im Ofen backen, dann abkühlen lassen. **→ MIT FRISCHHALTEFOLIE ABDECKEN → KÜHLSCHRANK**

woche 10

Montag

Hähnchen-Taboulé

Fertig nach 10 Min. Küchenarbeit

KRÄUTER Die restlichen Kräuter – Minze, Petersilie und Koriander – gemeinsam hacken.

BULGUR-GEMÜSE-HÄHNCHENFLEISCH-MISCHUNG Die Kräuter mit dem gekochten Bulgur mischen, die gewürzte Gurke-Zwiebel-Kichererbsen-Mischung und das Hähnchenfleisch dazugeben. Abschmecken, mit etwas Dukkah bestreut servieren.

Gazpacho, Hummus

Fertig nach 10 Min. Küchenarbeit

Brot einplanen.
Das Brot toasten und mit Knoblauch einreiben. Die Gazpacho-Mischung mixen. Mit Brot und Hummus servieren, mit Dukkah bestreuen.

woche 10

Mittwoch

Grüne Shakshuka mit Feta

Fertig in 15 Min., davon 10 Min. Küchenarbeit

Brot einplanen.

SHAKSHUKA Die Shakshuka-Mischung mit 2 EL Öl in eine Pfanne geben.

EIER Sobald die Mischung heiß ist und zu bräunen beginnt, 8 Eier in die Pfanne aufschlagen, dafür die Mischung beiseiteschieben, damit die Eier garen können. Mit Brot servieren.

Pasta mit Sommergemüse

Fertig in 15 Min., davon 5 Min. Küchenarbeit

Die Pasta in einem Topf mit Salzwasser nach Packungsanleitung kochen und abgießen. Den Parmesan zu Spänen hobeln. Die Gemüsemischung für die Pasta erwärmen und mit der gekochten Pasta vermischen.
Mit den Parmesanspänen servieren.

FÜR FREITAG Das Gratin zum Auftauen in den Kühlschrank stellen.

woche 10 **Freitag**

Gemüsegratin, Sardinen

Fertig in 20 Min., davon 5 Min. Küchenarbeit

Brot einplanen.
Das Gratin im Backofen bei 160 °C aufwärmen (man kann es auch kalt essen).
Mit den Sardinen und dem Brot servieren.

Himbeerauflauf

Bereits fertig

Den Backofen auf 200 °C vorheizen. Den Auflauf 35–40 Minuten darin backen.
Bereits am Sonntag oder spätestens Montag backen, dann im Kühlschrank aufbewahren und innerhalb von 2–3 Tagen verzehren.

Woche 11

Montag

Reisschale, Zucchini-Beignets, Auberginen-Joghurt-Sauce

Dienstag

Focaccia, Salat

Mittwoch

Gemüselasagne

Donnerstag

Gebratener Reis mit Safran und Aprikosen, Tomatensalat

Freitag

Rote Shakshuka

Bonus-Rezept

Milchshake

ZEITAUFWAND

1 STD. 35 MIN.

KÜCHEN-ARBEIT

JAHRESZEIT SOMMER

Außerhalb der Saison die Erdbeeren durch Mango ersetzen.

SIE MÖGEN KEINE

Paprika: durch zusätzliche Auberginenscheiben ersetzen.

Für die Aufbewahrung

5 Dosen mit ca. 300 ml Fassungsvermögen
5 Dosen mit ca. 750 ml Fassungsvermögen

Kochutensilien

2 oder 3 Backbleche
1 ofenfeste Form
1 Pfanne
1 Schmortopf oder Bräter (oder 1 tiefe Pfanne)
Handrührgerät
Teigroller
Backpapier
Standmixer

DONNERSTAG
BONUS
MONTAG
FREITAG
MITTWOCH
DIENSTAG

woche 11

Die Einkäufe

Obst, Gemüse und Kräuter

- ❏ 4 Auberginen
- ❏ 30 reife Tomaten
- ❏ 2 grüne Salate
- ❏ 300 g Rucola
- ❏ 6 Zucchini
- ❏ 5 Zwiebeln
- ❏ 1 Bund Basilikum
- ❏ 2 rote Paprikaschoten
- ❏ Rosmarin
- ❏ 1 Bund Petersilie
- ❏ 500 g Erdbeeren
- ❏ 2 Zitronen
- ❏ 7 Knoblauchzehen

Frisch

- ❏ 500 g Mozzarella
- ❏ 60 g Parmesan
- ❏ 50 g Feta
- ❏ 13 Eier
- ❏ 800 g griechischer Joghurt
- ❏ Schinken oder andere Wurstwaren
- ❏ 250 ml Vanilleeis

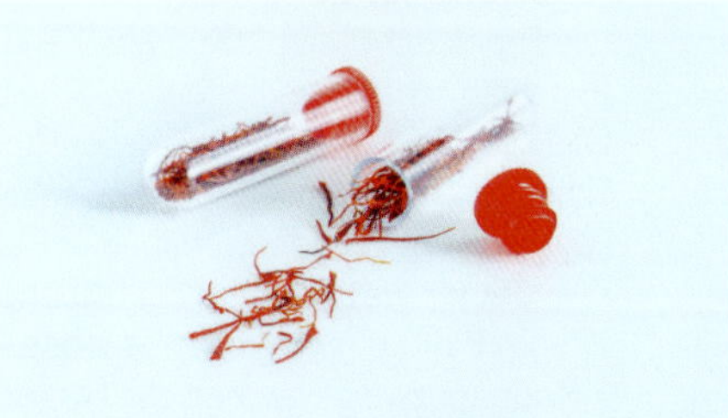

Sonstiges

- ❏ 15 g frische Hefe oder 1 Tütchen Trockenhefe
- ❏ 4 EL Semmelbrösel
- ❏ 500 g Lasagnenudeln
- ❏ 600 g weißer Langkornreis
- ❏ 1 Prise Safranfäden
- ❏ 50 g getrocknete Aprikosen
- ❏ 80 g Cashewkerne oder Haselnüsse (nach Möglichkeit geröstet)

Aus dem Vorratsschrank

- ❏ Olivenöl
- ❏ 500 g Mehl
- ❏ Geräuchertes Chili- oder Paprikapulver
- ❏ Oregano oder Thymian
- ❏ Salz, Pfeffer

woche 11

Sonntag

1. Focacciateig

15 Min.

Die Hefe mit 100 ml lauwarmem Wasser (Achtung, es darf nicht zu warm sein) in einer Schüssel anrühren. 5 Minuten warten. In einer weiteren Schüssel das Mehl mit einem TL Salz mischen. In die Mitte eine Mulde drücken. Die Hefe, 200 g Joghurt, 4 EL Olivenöl und 200 ml lauwarmes Wasser in die Mulde gießen. Alles mit dem Handrührgerät oder mit den Händen zu einem Teig verarbeiten (falls nötig noch etwas Mehl oder lauwarmes Wasser zugeben). Teig 10 Minuten kneten, dann die Schüssel abdecken und den Teig 2 Stunden gehen lassen.

2. Vorbereitende Arbeiten

30 Min.

Die Auberginen putzen und waschen. 2 davon in 3–4 mm dicke Scheiben schneiden. In einer Schüssel mit 5 EL Olivenöl, 2 TL Oregano oder Thymian, Salz und Pfeffer mischen. In einer Lage auf ein Backblech legen.
Die Tomaten waschen. 10 Stück beiseitelegen, die restlichen mit einer Reibe mit großen Löchern reiben (so erhalten Sie das Fruchtfleisch und wenig Haut, ohne die Tomaten schälen zu müssen).
Die Salate und den Rucola waschen. **→ GESCHIRRTUCH ODER BEUTEL → KÜHLSCHRANK**
Die Paprikaschoten putzen, waschen und in dünne Streifen schneiden. Die Zwiebeln schälen und in dünne Scheiben schneiden. Den Knoblauch schälen.
Die Zucchini putzen und waschen. 3 Stück der Länge nach in 3–4 mm dicke Scheiben schneiden, diese Scheiben auf ein Backblech legen, mit etwas Olivenöl begießen. Die 3 anderen mit einer Reibe mit großen Löchern raspeln.
Die Kräuter waschen und die Blättchen abzupfen. Die Petersilie hacken. ¼ vom Basilikum einpacken. **→ DOSE → KÜHLSCHRANK**
1 Rosmarinzweig waschen, die Nadeln ablösen und hacken.
Die Cashewkerne hacken. **→ DOSE → VORRATSSCHRANK**
Die getrockneten Aprikosen klein schneiden.

3. Saucen

20 Min.

KNOBLAUCH UND ZWIEBELN In einem Schmortopf die Zwiebeln mit 3 EL Olivenöl und 1 Prise Salz bei mittlerer Hitze 7–8 Minuten anschwitzen. 4 geriebene Knoblauchzehen zugeben und verrühren. ⅓ davon beiseitestellen.
TOMATEN UND PAPRIKA Die geriebenen Tomaten mit in den Schmortopf geben. 1 Prise Zucker, 10 Basilikumblätter und Pfeffer zugeben. Sauce 30 Minuten bei mittlerer Hitze köcheln lassen. Die Paprikaschoten in einer Pfanne bei mittlerer Hitze 5 Minuten mit 1 EL Olivenöl anbraten. Die Hälfte der Tomatensauce und 1 große Prise (oder mehr, je nach Geschmack) geräuchertes Chili- oder Paprikapulver zugeben. Das ist die Sauce für die rote Shakshuka. Abkühlen lassen. **→ DOSE → KÜHLSCHRANK**
APRIKOSEN Die klein geschnittenen Aprikosen und 1 Löffel gehackte Petersilie zu den beiseitegestellten Zwiebeln geben. **→ DOSE → KÜHLSCHRANK**

4. Gemüse und Lasagne

10 Min.

Den Backofen auf 200 °C vorheizen. Die Bleche mit den Auberginen und Zucchini 15–20 Minuten in den Ofen schieben (die Einschubhöhe zweimal tauschen). Die Zucchini werden etwas schneller gar als die Auberginen, daher müssen Sie sie früher aus dem Ofen nehmen. Die nicht geschnittenen Auberginen ca. 30 Minuten im Ofen braten.
5 Zucchini- und 5 Auberginenscheiben für die Focaccia aufheben. **→ DOSE → KÜHLSCHRANK**

LASAGNE Eine ofenfeste Form mit einer halbierten Knoblauchzehe einreiben. Zucchini, Auberginen, Tomatensauce (die restliche Hälfte) und Lasagnenudeln schichtweise in die Form füllen. Basilikumblätter und Rucola sowie eine Schicht Mozzarellascheiben (250 g verwenden) dazwischenlegen. Semmelbrösel mit 1 EL Olivenöl und 1 EL Petersilie vermischen und als oberste Schicht auf die Lasagne geben. Die Lasagne 25 Minuten bei 180 °C im Ofen backen. Abkühlen lassen.
→ MIT FRISCHHALTEFOLIE ABDECKEN → GEFRIERTRUHE

5. Zucchini, Reis und Auberginensauce

10 Min.

ZUCCHINI Die geraspelten Zucchini mit 2 EL gehackter Petersilie, 5–6 zerzupften Basilikumblättern, 50 g zerkrümeltem Feta, 1 Handvoll Rucola, 5 Eiern und 60 g geriebenem Parmesan vermischen. Abschmecken. **→ DOSE → KÜHLSCHRANK**

REIS Den Reis in einem Topf mit der 1 ½-fachen Menge an Wasser kochen. Wenn er kocht, den Safran einrühren, die Hitze reduzieren, den Topfdeckel auflegen und den Reis 11 Minuten quellen lassen. Mit Olivenöl, Salz und Pfeffer und etwas Zitronensaft würzen. In 2 Portionen aufteilen. **→ DOSEN → KÜHLSCHRANK**

AUBERGINENSAUCE Die ganzen gegarten Auberginen mit einer Gabel zerdrücken und mit 1 Prise geräuchertem Chili- oder Paprikapulver, 1 geriebenen Knoblauchzehe, 1 EL gehackter Petersilie, 300 g Joghurt, der Schale und etwas Saft von 1 Zitrone, Salz und Pfeffer mischen. **→ DOSE → KÜHLSCHRANK**

6. Focaccia

5 Min.

Den aufgegangenen Teig noch einmal durchkneten und in 2 Portionen teilen. Jede Portion mit einem Teigroller zu einem nicht zu dünnen Rechteck ausrollen. Mit den Fingern Vertiefungen in den Teig drücken. Teig mit Olivenöl beträufeln und auf mit Backpapier belegte Bleche legen.
→ MIT FRISCHHALTEFOLIE ABDECKEN → KÜHLSCHRANK

7. Erdbeeren

5 Min.

Die Erdbeeren waschen, entstielen, halbieren und mit 300 g Joghurt mischen. **→ DOSE → KÜHLSCHRANK**

woche 11 Montag

Reisschale, Zucchini-Beignets, Auberginen-Joghurt-Sauce

Fertig in 25 Min., davon 10 Min. Küchenarbeit

REIS 1 Portion Reis nach Möglichkeit bereits im Voraus aus dem Kühlschrank nehmen.

BEIGNETS In einer Pfanne 5 mm hoch Olivenöl erhitzen. Löffelweise von der Mischung mit den geraspelten Zucchini etwas in die Pfanne geben und von jeder Seite 2–3 Minuten braten. Auf Küchenpapier abtropfen lassen.

Den Reis und die Beignets mit Auberginen-Joghurt-Sauce (die Hälfte davon für Donnerstag aufheben) und bestreut mit Cashewkernen (die Hälfte davon für Donnerstag aufheben) servieren.

FÜR DIENSTAG Die Bleche mit dem Teig aus der Gefriertruhe in den Kühlschrank stellen.

Focaccia, Salat

Fertig in 20 Min., davon 10 Min. Küchenarbeit

Die Focaccia mit Zucchini- und Auberginenscheiben, dem restlichen Mozzarella, Fleur de Sel und gehacktem Rosmarin belegen. 10–15 Minuten im Ofen backen. Mit Salat und Schinken oder Wurst servieren.

FÜR MITTWOCH Die Lasagne zum Auftauen in den Kühlschrank stellen.

woche 11 **Mittwoch**

Gemüselasagne

Fertig in 30 Min., davon 10 Min. Küchenarbeit

Die Lasagne im Backofen bei 180 °C aufwärmen. Mit Salat servieren, der mit Salz, Pfeffer, Zitrone und Olivenöl angemacht ist.

Donnerstag

woche 11

Gebratener Reis mit Safran und Aprikosen, Tomatensalat

Fertig in 15 Min., davon 10 Min. Küchenarbeit

REIS UND APRIKOSEN Den restlichen Reis und die Zwiebel-Aprikosen-Mischung aus dem Kühlschrank nehmen. Letztere in einer Pfanne bei starker Hitze mit 1 EL Olivenöl erhitzen. Den Reis zugeben und 1–2 Minuten anbraten, bis er leicht Farbe annimmt.

BEILAGE Den Reis mit Cashewkernen bestreuen. Mit Auberginen-Joghurt-Sauce servieren. Die restlichen Tomaten aufschneiden und mit etwas Salz bestreuen und mit Olivenöl übergießen.

FÜR FREITAG Die Paprika zum Auftauen in den Kühlschrank stellen.

woche 11

Freitag

Rote Shakshuka

Fertig in 15 Min., davon 10 Min. Küchenarbeit

Brot einplanen.
Die Shakshuka-Sauce in einer Pfanne erhitzen. 8 Eier in die Pfanne aufschlagen. Bei mittlerer Hitze braten, bis das Eiweiß gut durchgegart ist. Mit Wurstscheiben garniert servieren. Dazu Rucola reichen.

Bonus-Rezept

Milchshake

Fertig in 5 Min.

Die Erdbeeren und den Joghurt mit dem Vanilleeis und nach Belieben mit einigen Basilikumblättern im Standmixer pürieren. Sofort servieren. Vorzugsweise Montag oder Dienstag zubereiten.

Woche 12

ZEITAUFWAND
1 STD. 30 MIN.
KÜCHEN-ARBEIT

JAHRESZEIT SOMMER

Außerhalb der Saison die Tomaten und Zucchini durch Zwiebeln ersetzen.

Montag

Salade niçoise

Dienstag

Gefülltes Gemüse

Mittwoch

Pasta mit Oliven und Ziegenkäse, Radieschen mit Butter

Donnerstag

Avocado, gebratener Reis

Freitag

Ravioli mit Salbei, Gurkensalat

Bonus-Rezept

Geschmorte Früchte

FÜR VEGETARIER

Verwenden Sie statt Wurstbrät gehackte Zucchini plus Kräute und Zwiebeln.

SIE MÖGEN KEINE

Ravioli: durch Kartoffelgnocchi ersetzen.

Für die Aufbewahrung

4 Dosen mit ca. 300 ml Fassungsvermögen
4 Dosen mit ca. 750 ml Fassungsvermögen

Kochutensilien

2 ofenfeste Formen
1 großer Kochtopf
1 große Pfanne oder 1 großer Bräter
Küchenmaschine oder Standmixer

FREITAG
MITTWOCH
MONTAG
BONUS
DONNERSTAG
DIENSTAG

woche 12

Die Einkäufe

Obst, Gemüse und Kräuter

- ❏ 1 kg dünne grüne Bohnen
- ❏ 5–6 kleine Salatherzen (oder andere knackige Salate)
- ❏ 8 Zucchini
- ❏ 500 g Kirschtomaten
- ❏ 8 schöne Tomaten
- ❏ 1 Bund Frühlingszwiebeln
- ❏ 500 g kleine Kartoffeln
- ❏ 1 Bund Salbei
- ❏ 2 Bund Radieschen
- ❏ 2 Avocados
- ❏ 2 Gurken (oder 4 kleine Gurken)
- ❏ 1 Zitrone
- ❏ 1 Bund Basilikum
- ❏ 1 Bund glatte Petersilie
- ❏ Einige Thymianzweige
- ❏ 11 Knoblauchzehen
- ❏ 150 g enthülste Erbsen (TK-Erbsen sind gut geeignet)
- ❏ 2 kg gemischte Früchte: Pfirsiche, Pflaumen und Aprikosen
- ❏ 2 cm frischer Ingwer
- ❏ 1 rote Zwiebel

Frisch

- ❑ 10 Eier
- ❑ Crème fraîche
- ❑ 800 g frische Ravioli
- ❑ Quark
- ❑ 60 g Butter
- ❑ 200 g Ziegenfrischkäse
- ❑ 500 g Wurstbrät

Sonstiges

- ❑ 2 Dosen Thunfisch
- ❑ 100 g schwarze Oliven
- ❑ 500 g Spaghetti
- ❑ 450 g Langkornreis

Aus dem Vorratsschrank

- ❑ Olivenöl
- ❑ Sojasauce
- ❑ Senf
- ❑ Zucker
- ❑ Salz, Pfeffer

woche 12

Sonntag

1. Gemüse und Obst waschen und putzen

30 Min.

Tomaten und Zucchini waschen und aushöhlen: Von den Tomaten einen Deckel abschneiden, mit einem Löffel die Kerne entfernen und das Fruchtfleisch herausheben. Von den Zucchini längs einen Deckel abschneiden und das Fruchtfleisch herausschaben. Die Kirschtomaten waschen. **➜ DOSE ➜ KÜHLSCHRANK**
Die Gurken waschen. Die Frühlingszwiebeln putzen und waschen. Die rote Zwiebel schälen und in dünne Scheiben schneiden. Basilikum und Petersilie waschen, trockenschütteln und die Blättchen abzupfen. Die Hälfte davon hacken. Den Rest einpacken.
➜ DOSE ➜ KÜHLSCHRANK
Die Oliven entkernen und hacken. Alle Früchte waschen, vierteln, die Kerne entfernen, die Früchte in eine ofenfeste Form legen. Vom Thymian die Blättchen abzupfen. Den Knoblauch schälen. Den Salat waschen und trocknen. **➜ GESCHIRRTUCH ODER BEUTEL ➜ KÜHLSCHRANK**

2. Vorbereitung des Gemüses

10 Min.

Die grünen Bohnen waschen und putzen. 5 Minuten in einem Topf im Dampf garen oder in gesalzenem Wasser kochen, dann in Eiswasser abkühlen und schließlich im Sieb abtropfen lassen. ⅓ hacken. Die gehackten und ganzen Bohnen getrennt einpacken. **➜ DOSEN ➜ KÜHLSCHRANK** Die Radieschen putzen und waschen. Die Kartoffeln waschen und 20 Minuten in gesalzenem Wasser kochen oder im Dampf garen (die Kochzeit der Größe anpassen), abkühlen lassen.
➜ DOSE ➜ KÜHLSCHRANK

3. Füllungen

20 Min.

FÜLLUNG In einer großen Pfanne oder Schmorpfanne die rote Zwiebel in 2 EL Olivenöl bei mittlerer Hitze leicht anbräunen. Das Wurstbrät zugeben, unter Rühren leicht anbräunen und gleichmäßig garen. Das Fruchtfleisch der Zucchini und der Tomaten, 50 g Reis, gehacktes Basilikum und gehackte Petersilie zugeben. Salzen, pfeffern, Thymian und 4 geriebene Knoblauchzehen unterrühren und alles 15 Minuten leicht köcheln lassen.
GEFÜLLTE GEMÜSE Den Backofen auf 180 °C vorheizen. Die ausgehöhlten Tomaten und Zucchini mit der Masse füllen und in eine Auflaufform setzen. Die abgeschnittenen Deckel aufsetzen und Gemüse 30–40 Minuten im Ofen backen. Dann abkühlen lassen. **➜ MIT FRISCHHALTEFOLIE ABDECKEN ➜ KÜHLSCHRANK**

4. Früchte

10 Min.

Die Früchte mit 1 oder 2 EL Zucker bestreuen und etwas Zitronenschale darüber verteilen. Bei 180 °C 35–40 Minuten im Ofen backen. Abkühlen lassen. **→ DOSE → KÜHLSCHRANK**

5. Saucen

10 Min.

VINAIGRETTE In ein Schraubglas 1 geriebene Knoblauchzehe, 1 Prise fein abgeriebene Zitronenschale, 1 TL Senf, 3 EL Zitronensaft und 9 EL Olivenöl geben. Verschließen und gut schütteln.

PASTASAUCE Die Hälfte der restlichen Petersilie, den Ziegenfrischkäse, die Oliven und 2–3 Frühlingszwiebeln im Standmixer mixen, 1 EL Olivenöl und etwas Salz zugeben. **→ DOSE → KÜHLSCHRANK**

6. Reis und Sauce

10 Min.

REIS Den restlichen Reis in einem Topf nach Packungsanleitung kochen. Abkühlen lassen.

→ DOSE → KÜHLSCHRANK

SAUCE ZUM REIS 2 cm Ingwer und 6 Knoblauchzehen reiben. Mit 1 Prise Zucker, etwas Zitronensaft und 4 EL Sojasauce vermischen.

→ DOSE → KÜHLSCHRANK

woche 12

Montag

Salade niçoise

Fertig in 20 Min., davon 10 Min. Küchenarbeit

Brot einplanen.

GEMÜSE Salatblätter, die ganzen Bohnen, die Kartoffeln, geviertelte Radieschen (die Hälfte für Mittwoch aufheben), die halbierten Kirschtomaten, Gurkenscheiben (auch für Freitag Gurke aufheben) und dünne Frühlingszwiebelringe in einer großen, breiten Schüssel vermischen.

THUNFISCH UND EIER Den abgetropften Thunfisch darauf verteilen, alles mit zerzupften Basilikumblättern bestreuen. 8 Eier in einem Topf 3–4 Minuten (ab dem Aufkochen) hart kochen. Die Eier abschrecken, pellen, halbieren und auf dem Salat verteilen. Mit Vinaigrette übergießen (davon auch für Dienstag, Donnerstag und Freitag etwas aufheben).

Dienstag

woche 12

Gefülltes Gemüse

Fertig in 30 Min., davon 5 Min. Küchenarbeit

Das gefüllte Gemüse aufwärmen. Dazu mit Vinaigrette angemachten Salat servieren.

woche 12

Mittwoch

Pasta mit Oliven und Ziegenkäse, Radieschen mit Butter

Fertig in 15 Min., davon 5 Min. Küchenarbeit

Die Spaghetti in einem Topf mit kochendem Salzwasser kochen. Mit der Ziegenkäse-Oliven-Sauce mischen. Während die Spaghetti kochen, die Radieschen mit Butter und Salz genießen.

Avocado, gebratener Reis

Fertig in 15 Min., davon 5 Min. Küchenarbeit

GEBRATENER REIS In einer großen Pfanne bei starker Hitze Öl erhitzen. 2 Eier in die Pfanne aufschlagen, 1 Minute unter Rühren braten, die gehackten Bohnen und die Erbsen unterrühren, den Reis zugeben, etwa 2 Minuten unter Rühren braten, die Sauce zum Reis dazugießen, rühren, mit Basilikum bestreuen und servieren.

AVOCADO Vor dem Reis die halbierten Avocados mit Vinaigrette servieren.

woche 12 **Freitag**

Ravioli mit Salbei, Gurkensalat

Fertig in 15 Min., davon 5 Min. Küchenarbeit

GURKENSALAT Die Gurken in dünne Scheiben schneiden, mit etwas Vinaigrette – vermischt mit 1 TL Crème fraîche – anmachen. Mit gehackter Petersilie oder gehacktem Basilikum bestreuen.

RAVIOLI In einer Pfanne bei milder Hitze die Butter mit 5–6 Salbeiblättern erwärmen, bis sie anfängt, haselnussbraun zu werden. Die Ravioli laut Packungsanweisung in einem Topf kochen – in der Regel geht es sehr schnell. Ravioli mit Salbeibutter überzogen servieren.

Bonus-Rezept

woche 12

Geschmorte Früchte

Fertig in 5 Min.

Die Früchte mit Quark und Crème fraîche servieren, dazu eine Kugel Eis, etwas Sandgebäck …

Woche 13

ZEITAUFWAND
1 STD.
40 MIN.
KÜCHEN-
ARBEIT

JAHRESZEIT
FRÜHAHR/
SOMMER

Gegen Ende der Saison die Radieschen durch Tomaten ersetzen.

Montag

Brathähnchen, Gemüse und Tortillas

Dienstag

Omelette, Radieschen mit Butter

Mittwoch

Gebratener Reis mit Huhn

Donnerstag

Rote Linsensuppe mit Kokosmilch,
Teigtaschen mit Thunfischfüllung

Freitag

Carbonara

Bonus-Rezept

Birnen-Brownies

FÜR VEGETARIER

Das Hähnchenfleisch durch mehr geschmortes Gemüse, den Thunfisch durch mehr Frischkäse, den Speck durch geräucherten Tofu ersetzen. Das Hähnchenfleisch beim Reis weglassen.

SIE MÖGEN KEINE

Birnen: durch Walnüsse ersetzen.

Für die Aufbewahrung

2 Dosen mit ca. 300 ml Fassungsvermögen
5 Dosen mit ca. 750 ml Fassungsvermögen
5 Dosen mit ca. 1½ l Fassungsvermögen
1 Geschirrtuch oder

Kochutensilien

2 Backbleche
1 großer Kochtopf
Pürierstab
1 Kuchenform
Backpapier

DIENSTAG
MONTAG
MITTWOCH
DONNERSTAG
BONUS

woche 13

Die Einkäufe

Obst, Gemüse und Kräuter

- ❏ 20 nicht zu große Tomaten
- ❏ 1 Bund Radieschen
- ❏ 2 Avocados
- ❏ 6 Zucchini
- ❏ 2 Bund Frühlingszwiebeln
- ❏ 1 Bund Koriander
- ❏ 12 Knoblauchzehen
- ❏ 2 Limetten
- ❏ 4 cm frischer Ingwer
- ❏ Einige Thymianzweige

Frisch

- ❏ 6 Hähnchenschenkel (Ober- und Unterkeule) von Freilandhähnchen
- ❏ 20 Eier
- ❏ 1 Packung Filoteig
- ❏ 50 g Parmesan
- ❏ 300 g Frischkäse
- ❏ 300 g Butter
- ❏ 150 g Pancetta oder Speck

Sonstiges

- ❑ 300 g Couscous mit Gewürzen
- ❑ 300 g rote Linsen
- ❑ 250 ml Kokosmilch
- ❑ 12 Tortillas (je nach Appetit auch mehr oder weniger)
- ❑ 300 g Reis
- ❑ 2 Dosen Thunfisch in Öl
- ❑ 250 g Schokolade
- ❑ 400 g Dosenbirnen in Sirup
- ❑ 500 g Pasta

Aus dem Vorratsschrank

- ❑ Olivenöl
- ❑ Sojasauce
- ❑ Kreuzkümmelsamen
- ❑ Geräuchertes Chilipulver
- ❑ 6 Kardamomkapseln
- ❑ 1 Zimtstange
- ❑ 130 g Mehl
- ❑ 225 g Zucker
- ❑ Salz, Pfeffer

woche 13

Sonntag

1. Vorbereitende Arbeiten

20 Min.

Koriander waschen, trockenschütteln und die Blättchen abzupfen.
→ DOSE → KÜHLSCHRANK
Die Tomaten waschen, halbieren.
Die Zucchini putzen, waschen, 4 davon in Stücke und 2 in Scheiben schneiden. Die Scheiben einpacken. **→ DOSE → KÜHLSCHRANK**
Die Radieschen waschen und putzen.
→ DOSE → KÜHLSCHRANK
Die Frühlingszwiebeln putzen und waschen.

2. Hähnchenblech

20 Min.

COUSCOUS Das Couscous in eine Schüssel geben und mit derselben Menge an Wasser übergießen. **→ DOSE → KÜHLSCHRANK**
HÄHNCHEN Den Backofen auf 180 °C vorheizen. Die halbierten Hähnchenschenkel auf ein Backblech legen, 1 Dutzend halbierte Tomaten und die Zucchinistücke dazwischen verteilen, ohne dass diese das Fleisch bedecken. 2 Backbleche verwenden, wenn der Platz nicht reicht. Mit geräuchertem Chilipulver, etwas Kreuzkümmel und Thymian bestreuen, 6 ungeschälte zerdrückte Knoblauchzehen und 6 Frühlingszwiebeln dazugeben. Mit Olivenöl übergießen, sodass alles überzogen ist. Salzen, pfeffern. 1 Stunde in den Ofen schieben. Abkühlen lassen. 2 Hähnchenschenkel beiseitestellen. Den Rest einpacken.
→ MIT FRISCHHALTEFOLIE ABDECKEN → KÜHLSCHRANK

3. Salsa und Suppe

10 Min.

SUPPE Die Linsen in einem Sieb abspülen, mit 4 Tomaten, 4 Frühlingszwiebeln, 2 geriebenen Knoblauchzehen, 1 cm geriebenem Ingwer, 1 Zimtstange, dem Kardamom und 1 TL Kreuzkümmel in einen Topf geben. Mit 300 ml Wasser bedecken. 20 Minuten kochen lassen. Die Zimtstange und den Kardamom herausnehmen und die Suppe mit dem Pürierstab fein pürieren. Abkühlen lassen.
→ DOSE → GEFRIERTRUHE
SALSA Die restlichen Tomaten in Würfel schneiden, 2 gehackte Frühlingszwiebeln und 1 Handvoll gehackten Koriander dazugeben, salzen, mit Limettensaft und Olivenöl beträufeln und mit geräuchertem Chilipulver würzen. **→ DOSE → KÜHLSCHRANK**

4. Gebratener Reis mit Huhn

10 Min.

REIS Den Reis laut Packungsanleitung kochen, abgießen und abkühlen lassen. **→ DOSE → KÜHLSCHRANK**

HUHN Die 2 zurückbehaltenen Hähnchenschenkel entbeinen und das Fleisch klein schneiden.

WÜRZEN 2 cm Ingwer und 4 Knoblauchzehen reiben. Mit 1 Prise Zucker, etwas Zitronensaft, 4 EL Sojasauce und dem gekochten Hähnchenfleisch mischen. **→ DOSE → KÜHLSCHRANK**

5. Teigtaschen mit Thunfisch

25 Min.

THUNFISCH Den Thunfisch abtropfen lassen, zusammen mit 200 g Frischkäse, ⅓ des zuvor gehackten Korianders und 1 cm geriebenem Ingwer mit einer Gabel zerdrücken und vermischen.

FILOTEIG Die Teigblätter in der Mitte durchschneiden. Eine Hälfte mit Öl bestreichen, der Länge nach in der Mitte zusammenklappen, etwas Thunfischfüllung an ein Ende setzen und den Teig zu einem Dreieck falten. Überstehenden Teig am Ende mit einer Schere abschneiden, die Dreiecke auf ein mit Backpapier belegtes Backblech setzen. Mit den restlichen Teigblättern und der Füllung ebenso verfahren. **→ MIT FRISCHHALTEFOLIE ABDECKEN → GEFRIERTRUHE**

6. Brownies

15 Min.

Eine ofenfeste rechteckige Form mit Butter einfetten. 250 g Schokolade mit 200 g klein geschnittener Butter in einem Topf im Wasserbad schmelzen. 225 g Zucker und nach und nach 4 Eier unterrühren, zum Schluss vorsichtig das Mehl untermischen. Etwas von dem Teig in der Form verstreichen, die abgetropften Birnen mit der Schnittfläche nach unten darauflegen und den restlichen Teig darüber verteilen. **→ MIT FRISCHHALTEFOLIE ABDECKEN → KÜHLSCHRANK**

woche 13 **Montag**

Brathähnchen, Gemüse und Tortillas

Fertig in 20 Min., davon 10 Min. Küchenarbeit

HÄHNCHEN UND TORTILLAS Das Hähnchenfleisch und das Couscous nach Möglichkeit schon im Voraus aus dem Kühlschrank nehmen. Den Backofen auf 180 °C vorheizen. Das Hähnchenfleisch 20 Minuten aufwärmen. Gleichzeitig die leicht angefeuchteten Tortillas aufwärmen.

GUACAMOLE Die Avocados halbieren, den Kern entfernen, das Fruchtfleisch aus der Schale lösen und mit etwas Limettensaft, Salz, Pfeffer und Koriander mit einer Gabel vermischen und zerdrücken.

Das Hähnchenfleisch mit den Tortillas, der Guacamole, dem Couscous und der Tomatensalsa servieren.

Dienstag

woche 13

Omelette, Radieschen mit Butter

Fertig in 10 Min., davon 5 Min. Küchenarbeit

Brot einplanen.
In einer großen Schüssel 12 Eier aufschlagen und mit einer Gabel verrühren (es ist nicht nötig, sie schaumig zu schlagen, nur das Eigelb muss flüssig sein). Würzen. In einer Pfanne 25 g Butter bei starker Hitze zerlassen. Wenn die Butter zu schäumen beginnt, die Eier in die Pfanne gießen. Wenn sie an den Rändern gestockt sind, die Pfanne etwas kippen und das feste Ei mit einem Spatel zur Seite schieben, damit das noch flüssige Ei am Pfannenboden weiterbrät. Den restlichen Frischkäse und einige Parmesanspäne zugeben. Nach Geschmack fertig garen, zusammenklappen. Mit Radieschen, Butter und Brot servieren.

Mittwoch

Gebratener Reis mit Huhn

Fertig nach 10 Min. Küchenarbeit

1 EL Öl in einer Pfanne erhitzen und die Zucchinischeiben 2 Minuten darin anbraten. Den Reis zugeben, rühren. Die vorbereitete Hähnchenmischung unterrühren. Mit Koriander bestreut servieren.

FÜR DONNERSTAG Die Suppe und die Thunfischdreiecke zum Auftauen in den Kühlschrank stellen.

Rote Linsensuppe mit Kokosmilch, Teigtaschen mit Thunfischfüllung

Fertig in 30 Min., davon 5 Min. Küchenarbeit

Den Backofen auf 180 °C vorheizen. Die Teigtaschen 25–30 Minuten im Ofen backen. Die Suppe bei milder Hitze erhitzen. Kokosmilch und Limettensaft zugeben. Servieren.

Carbonara

Fertig in 20 Min., davon 10 Min. Küchenarbeit

PASTA Die Pasta laut Packungsanleitung kochen.

EIER MIT KÄSE 4 Eier trennen. Das Eiweiß für ein anderes Rezept aufheben (kann eingefroren werden). Eigelb mit frisch geriebenem Parmesan mischen. Den in Streifen geschnittenen Pancetta in einer Pfanne ohne Fett anbräunen. Unter die Eiermischung rühren.

WÜRZEN Die fertig gekochte Pasta in einem Sieb abtropfen lassen, dabei 1 oder 2 EL Kochwasser zurückbehalten. Die Pasta mit 1 Löffel Kochwasser in die Eiermischung rühren, die Sauce soll eine glatte Konsistenz bekommen (bei Bedarf etwas mehr Wasser zugeben). Mit Parmesan servieren.

Bonus-Rezept

woche 13

Birnen-Brownies

Fertig in 20–30 Min., davon 2 Min. Küchenarbeit

Den Backofen auf 180 °C vorheizen. Die Brownies 20–30 Minuten im Ofen backen, die Backzeit hängt von der Größe der Form und der Höhe des Teigs ab und davon, ob Sie ihn gut durchgebacken oder noch etwas weich bevorzugen.
Teig in Quadrate schneiden. Hält sich im Kühlschrank 3–4 Tage, Sie können aber auch einen Teil einfrieren. (Wenn Sie mehr haben möchten, die Zubereitungsmengen verdoppeln!)

Gestalten Sie Ihr eigenes Programm!

Was halten Sie davon, sich Ihre eigenen Essenspläne zusammenzustellen?

Um Ihnen dabei zu helfen, finden Sie auf den folgenden Seiten die Einkaufslisten für jedes Rezept, so können Sie jede gewünschte Kombination wählen und sich Ihren eigenen Wochenplan erstellen.
Mit den Bonus-Etiketten am Ende können Sie Dosen und Schraubgläser beschriften.

Salate

Caesar Salad (Woche 1)

OBST, GEMÜSE UND KRÄUTER
- ❏ ⅓ eines großen Salatherzens
- ❏ 1 Knoblauchzehe
- ❏ 2TL Zitronensaft
- ❏ 1 Handvoll Petersilie

FRISCH
- ❏ 4–8 Eier + 1 Ei für das Dressing
- ❏ 30g Parmesan

SONSTIGES
- ❏ 2 Sardellenfilets in Öl + weitere Sardellenfilets + 1 EL Sardellenöl
- ❏ 1TL Senf
- ❏ 150ml Olivenöl
- ❏ Pfeffer

Großer Brokkoli-Linsen-Salat (Woche 2)

OBST, GEMÜSE UND KRÄUTER
- ❏ Röschen von 2 Brokkoli
- ❏ 2 Karotten
- ❏ 1 Knoblauchzehe
- ❏ 1 Bund Koriander (Blätter und einige Stiele)
- ❏ 1 Stange Zitronengras
- ❏ Einige Minzblätter

SONSTIGES
- ❏ 150g grüne Linsen
- ❏ 50g ganze Haselnüsse
- ❏ Olivenöl

FÜR DIE ERDNUSSSAUCE
- ❏ 1 Chilischote
- ❏ 2 Schalotten
- ❏ 1 Stange Zitronengras
- ❏ 3cm frischer Ingwer
- ❏ 1 Knoblauchzehe
- ❏ 120ml Apfelessig
- ❏ 120ml Sojasauce
- ❏ 3EL Zucker
- ❏ 2EL Erdnussmus

Salat aus Eintopfresten vom Vortag (Woche 6)

OBST, GEMÜSE UND KRÄUTER
- ❏ 2 Karotten
- ❏ ½ Spitzkohl (oder ½ Wirsing)
- ❏ 8 kleine Kartoffeln
- ❏ 2 kleine weiße Rüben
- ❏ 1 Romanasalat
- ❏ Kirschtomaten

FRISCH
- ❏ ⅓ des Eintopffleisches (siehe Woche 6)
- ❏ 150g Comté-Käse

SONSTIGES
- ❏ Cornichons

FÜR DIE PERSILLADE
- ❏ ½ Bund glatte Petersilie
- ❏ ½ Bund Koriander
- ❏ 1 Schalotte
- ❏ Etwas Zitronensaft
- ❏ Etwas Senf
- ❏ Olivenöl
- ❏ Salz, Pfeffer

Nudelsalat mit Fenchel, Orange, Cashewkernen (Woche 8)

OBST, GEMÜSE UND SONSTIGES
- ❏ 400g Pasta
- ❏ 100g Cashewkerne
- ❏ 4 Fenchel
- ❏ 1 EL Olivenöl
- ❏ 1 Orange
- ❏ Salz, Pfeffer

FÜR DIE JOGHURTSAUCE
- ❏ 300g griechischer Joghurt
- ❏ 1 Knoblauchzehe
- ❏ Etwas Zitronenschale
- ❏ 2 TL Zitronensaft
- ❏ Salz

FÜR DIE VINAIGRETTE
- ❏ 2EL Zitronensaft
- ❏ 1 EL Orangensaft
- ❏ Etwas Zitronenschale
- ❏ 1 EL Knoblauchöl
- ❏ 5EL Olivenöl
- ❏ Salz, Pfeffer

FÜR DAS KNOBLAUCHÖL
- ❏ 300ml Olivenöl
- ❏ 6 Knoblauchzehen
- ❏ 10 Basilikumblätter

Hähnchen-Taboulé (Woche 10)

OBST, GEMÜSE UND KRÄUTER
- ❏ 1 Gurke
- ❏ 2 Bund Minze
- ❏ 1 Bund Petersilie
- ❏ 1 Bund Koriander
- ❏ 2 Frühlingszwiebeln
- ❏ 1 EL Zitronensaft

FRISCH
- ❏ 2–3 Hähnchenbrustfilets

SONSTIGES
- ❏ 150g Bulgur
- ❏ ½ Dose Kichererbsen
- ❏ 1 TL Kreuzkümmelsamen
- ❏ Olivenöl
- ❏ Salz, Pfeffer

FÜR DIE GEWÜRZMISCHUNG DUKKAH
- ❏ 75g Mandeln
- ❏ 2EL Koriandersamen
- ❏ 1 EL Kreuzkümmelsamen
- ❏ Salz, Pfeffer

Salade niçoise (Woche 12)

OBST, GEMÜSE UND KRÄUTER
- ❏ 675g dünne grüne Bohnen
- ❏ 2–3 Salatherzen
- ❏ 500g kleine Kartoffeln
- ❏ 1 Bund Radieschen
- ❏ 500g Kirschtomaten
- ❏ 1 Gurke
- ❏ 3–4 Frühlingszwiebeln
- ❏ Basilikum

FRISCH
- ❏ 8 Eier

SONSTIGES
- ❏ 2 Dosen Thunfisch

FÜR DIE VINAIGRETTE
- ❏ 1 Knoblauchzehe
- ❏ 1 Prise Zitronenschale
- ❏ 1 TL Senf
- ❏ 3EL Zitronensaft
- ❏ 9EL Olivenöl

Suppen

Kürbis-Süßkartoffel-Suppe (Woche 1)

OBST, GEMÜSE UND KRÄUTER
- ❑ 2 Zwiebeln
- ❑ 3 mittelgroße Süßkartoffeln
- ❑ 1 Karotte
- ❑ ½ Bund Petersilienblätter
- ❑ Die Stiele von 1 Bund Petersilie

FRISCH
- ❑ 200 ml Milch

SONSTIGES
- ❑ 2 Bio-Gemüsebrühwürfel
- ❑ Olivenöl
- ❑ Salz, Pfeffer

Zitronengras-Kokos-Koriander-Ingwer-Suppe (Woche 2)

OBST, GEMÜSE UND KRÄUTER
- ❑ 1 Karotte
- ❑ 2 Stangen Zitronengras
- ❑ 1 kleine Chilischote
- ❑ 10 cm frischer Ingwer
- ❑ 2 Knoblauchzehen
- ❑ 2 Schalotten
- ❑ Die Stiele von 3 Brokkoli
- ❑ 1 Bund Koriander
- ❑ Etwas Minze und Koriander zum Servieren

SONSTIGES
- ❑ 2 Bio-Gemüsebrühwürfel
- ❑ 200 ml Kokosmilch

Kohl-Erbsen-Suppe mit Frikadellen (Woche 3)

- ❑ 4–8 Frikadellen (siehe Woche 3)

OBST, GEMÜSE UND KRÄUTER
- ❑ ½ Herz eines Spitzkohls oder Wirsings
- ❑ ¼ Blumenkohl
- ❑ 1 Apfel
- ❑ 2 Oregano- oder Thymianzweige
- ❑ Stiele von 1 Bund Petersilie
- ❑ 2 Zwiebeln
- ❑ 1 Knoblauchzehe

SONSTIGES
- ❑ 120 g Schälerbsen
- ❑ 2 Bio-Gemüse- oder Hühnerbrühwürfel

FÜR DAS WÜRZMITTEL MIT CHAMPIGNONS
- ❑ 150 g Champignons
- ❑ 1 Bund Schnittlauch
- ❑ 1 Schalotte
- ❑ 1 TL abgeriebene Zitronenschale
- ❑ 2 EL Zitronensaft
- ❑ 6 EL Olivenöl
- ❑ Salz, Pfeffer

Gemüsesuppe mit Milch (Woche 4)

OBST, GEMÜSE UND KRÄUTER
- ❑ 3 Karotten
- ❑ 2–3 kleine weiße Rüben
- ❑ 2 kleine Kartoffeln
- ❑ Die Stiele von 2 Brokkoli
- ❑ 2 Stangen Lauch
- ❑ ¼ Blumenkohl
- ❑ 1 oder 2 Rosmarinzweige
- ❑ ½ Bund Kerbel, davon ein paar Blättchen zum Garnieren aufheben

FRISCH
- ❑ 750 ml Milch
- ❑ 125 ml Crème fraîche zum Servieren

SONSTIGES
- ❑ 1 EL Olivenöl

Brunnenkressesuppe (Woche 5)

OBST, GEMÜSE UND KRÄUTER
- ❑ 2 rote Zwiebeln
- ❑ 4 Kartoffeln
- ❑ 2 Karotten
- ❑ 1 Bund Brunnenkresse + die dicken Stiele eines weiteren Bundes
- ❑ 1 Knoblauchzehe

SONSTIGES
- ❑ 2 Bio-Hühnerbrühwürfel

FÜR DAS WÜRZMITTEL MIT GRANATAPFEL
- ❑ 1 Granatapfel
- ❑ 1 Staudensellerie
- ❑ 1 kleine Handvoll Brunnenkresseblätter
- ❑ ½–1 kleine Chilischote
- ❑ Zitronensaft
- ❑ 150 g grüne Oliven
- ❑ Olivenöl

Kräutersuppe mit Ravioli (Woche 7)

OBST, GEMÜSE UND KRÄUTER
- ❑ Die Stiele von 2 Brokkoli
- ❑ 300 g Erbsen
- ❑ 2 Knoblauchzehen
- ❑ 1 cm frischer Ingwer
- ❑ ½ Bund Petersilie
- ❑ ½ Bund Koriander
- ❑ 150 g Rucola
- ❑ 1 Bund Dill
- ❑ 5–6 Minzblätter

FRISCH
- ❑ 2 Packungen Ravioli (500 g)

SONSTIGES
- ❑ 3 Bio-Gemüsebrühwürfel
- ❑ 200 ml Sahne oder Kokosmilch

Erbsensuppe (Woche 8)

OBST, GEMÜSE UND KRÄUTER
- ❑ 700 g enthülste Erbsen (TK-Erbsen sind gut geeignet)
- ❑ ½ Bund Basilikum

FRISCH
- ❑ 150 g griechischer Joghurt

FÜR DAS KNOBLAUCHÖL
- ❑ 300 ml Olivenöl
- ❑ 6 Knoblauchzehen
- ❑ 10 Basilikumblätter

Pesto-Suppe (Woche 9)

OBST, GEMÜSE UND KRÄUTER
- ❏ 1–2 Zwiebeln
- ❏ ½ Bund kleine Karotten
- ❏ 2–3 junge weiße Rüben
- ❏ ½ Bund Radieschen
- ❏ ½ Fenchel
- ❏ 1 schöne Zucchini
- ❏ 250 g Mangold

FRISCH
- ❏ 100 g geräucherter Schinken
- ❏ Ziegenfrischkäse zum Servieren

SONSTIGES
- ❏ 1–2 EL Olivenöl
- ❏ 1 Bio-Gemüse- oder Hühnerbrühwürfel
- ❏ Salz, Pfeffer

FÜR DAS PESTO
- ❏ 2–3 Bund Basilikum
- ❏ Das Grün von 1 Bund Radieschen
- ❏ 1 EL blanchierter Mangold
- ❏ 2 Knoblauchzehen
- ❏ 100 ml Olivenöl + ausreichende Menge, um das fertige Pesto im Schraubglas zu bedecken
- ❏ 30 g Kürbiskerne
- ❏ Salz, Pfeffer

FÜR DEN HUMMUS
- ❏ ½ Dose Kichererbsen
- ❏ Etwas abgeriebene Zitronenschale
- ❏ 2 TL Zitronensaft
- ❏ 1 Knoblauchzehe
- ❏ Einige Basilikumblätter
- ❏ 2 EL Olivenöl
- ❏ Salz, Pfeffer

Gazpacho, Hummus (Woche 10)

OBST, GEMÜSE UND KRÄUTER
- ❏ 8 Tomaten
- ❏ 2 Gurken
- ❏ 2 rote Paprikaschoten
- ❏ ⅓ Bund Basilikum
- ❏ 2 EL frische Petersilie
- ❏ 2 Knoblauchzehen
- ❏ 3 Frühlingszwiebeln

SONSTIGES
- ❏ Olivenöl
- ❏ Salz, Pfeffer

FÜR DEN HUMMUS
- ❏ ½ Dose Kichererbsen
- ❏ 2 TL Zitronensaft
- ❏ Etwas abgeriebene Zitronenschale
- ❏ 1 EL gemahlene Mandeln
- ❏ 2 EL Olivenöl
- ❏ 2 EL Koriander
- ❏ 1 Knoblauchzehe

FÜR DIE GEWÜRZMISCHUNG DUKKAH
- ❏ 75 g Mandeln
- ❏ 2 EL Koriandersamen
- ❏ 1 EL Kreuzkümmelsamen
- ❏ Salz, Pfeffer

Rote Linsensuppe mit Kokosmilch (Woche 13)

OBST, GEMÜSE UND KRÄUTER
- ❏ 4 Tomaten
- ❏ 4 Frühlingszwiebeln
- ❏ 2 Knoblauchzehen
- ❏ 1 cm frischer Ingwer
- ❏ Saft von ½ Limette

SONSTIGES
- ❏ 300 g rote Linsen
- ❏ 1 Zimtstange
- ❏ 6 Kardamomkapseln
- ❏ 250 ml Kokosmilch

Pasta & Nudeln

Tagliatelle mit Rindfleischsauce und eingelegten Tomaten, Spinat (Woche 1)

- ❏ ¼ des Rinderschmortopfes (siehe Woche 1)

OBST, GEMÜSE UND KRÄUTER
- ❏ 1 Handvoll Petersilie

TIEFGEFRORENES
- ❏ 660 g TK-Spinat, aufgetaut

SONSTIGES
- ❏ 400 g Tagliatelle
- ❏ 100 g getrocknete Tomaten
- ❏ 50 g schwarze Oliven

Thai-Nudeln (Woche 2)

OBST, GEMÜSE UND KRÄUTER
- ❏ Die Röschen von 2 Brokkoli
- ❏ 2 Karotten
- ❏ 1 Bund Minze
- ❏ 1 Stange Zitronengras
- ❏ Etwas Koriander

FRISCH
- ❏ 3 Eier

SONSTIGES
- ❏ 200 g Reisnudeln, vorzugsweise flache
- ❏ 2 EL Öl

FÜR DIE ERDNUSSSAUCE
- ❏ 1 Chilischote
- ❏ 2 Schalotten
- ❏ 1 Stange Zitronengras
- ❏ 3 cm frischer Ingwer
- ❏ 1 Knoblauchzehe
- ❏ 120 ml Apfelessig
- ❏ 120 ml Sojasauce
- ❏ 3 EL Zucker
- ❏ 2 EL Erdnussmus

Spaghetti mit Frikadellensauce (Woche 3)

OBST, GEMÜSE UND KRÄUTER
- ❏ 3 Zwiebeln
- ❏ ½ Bund Petersilie
- ❏ 5 Knoblauchzehen
- ❏ Thymian oder Oregano
- ❏ Etwas Petersilie zum Servieren
- ❏ 2 Salatherzen zum Servieren
- ❏ Zitronensaft zum Anmachen des Salats

VOM BÄCKER
- ❏ 120 g altbackenes Brot

FRISCH
- ❏ 500 g Hackfleisch (Rind und/oder Kalb und/oder Schwein)
- ❏ 1 Ei
- ❏ 30 g Parmesan + Parmesan zum Servieren

SONSTIGES
- ❏ 500 g Spaghetti oder Linguine
- ❏ 2 Dosen stückige Tomaten
- ❏ 200 ml Tomatenpüree
- ❏ 1 Prise Zucker
- ❏ Olivenöl
- ❏ Salz, Pfeffer

Pasta-Eintopf mit Blumenkohl, Zitrone, Tomme-Käse und Rosmarin (Woche 4)

OBST, GEMÜSE UND KRÄUTER
- ❏ ¾ in Röschen zerteilter Blumenkohl
- ❏ Abgeriebene Schale von ½ Zitrone
- ❏ 2 Rosmarinzweige

FRISCH
- ❏ 165 g Tomme-Käse

SONSTIGES
- ❏ 500 g Pasta (wahlweise Vollkornpasta)
- ❏ 2 EL Olivenöl
- ❏ Salz, Pfeffer

Nudeln mit Gemüse und Hähnchenfleisch (Woche 5)

OBST, GEMÜSE UND KRÄUTER
- ❏ 4 Karotten
- ❏ 300 g Kaiserschoten
- ❏ ½–1 Chilischote
- ❏ 2 Knoblauchzehen
- ❏ 1 Granatapfel
- ❏ 1 EL Zitronensaft

FRISCH
- ❏ 1 Hähnchenbrustfilet mit Bio-Gütesiegel

SONSTIGES
- ❏ 300 g Weizennudeln
- ❏ 2 EL Sojasauce
- ❏ 2 TL Zucker
- ❏ Öl

Nudeln in Eintopfbrühe, Zitronengrassauce (Woche 6)

SONSTIGES
- ❏ 300 g chinesische Eiernudeln (oder Soba)
- ❏ 250–400 ml Eintopfbrühe

OBST, GEMÜSE UND KRÄUTER
- ❏ Etwas Petersilie oder Koriander zum Servieren

FÜR DIE ZITRONENGRASSAUCE
- ❏ 1 Schalotte
- ❏ ½ Bund glatte Petersilie
- ❏ ½ Bund Koriander
- ❏ 4 Stangen Zitronengras
- ❏ 2 EL Sojasauce
- ❏ 2 TL Zucker
- ❏ 2 EL Sonnenblumenöl
- ❏ 2 EL Erdnussmus

Pasta mit Knoblauchöl, Gurkensalat, Joghurtsauce (Woche 8)

OBST, GEMÜSE UND KRÄUTER
- ❏ 1 große Gurke (oder 2 kleine)
- ❏ Basilikum

SONSTIGES
- ❏ 600 g Pasta

FÜR DIE JOGHURTSAUCE
- ❏ 300 g griechischer Joghurt
- ❏ 1 Knoblauchzehe
- ❏ Etwas Zitronenschale
- ❏ 2 TL Zitronensaft
- ❏ Salz

FÜR DAS KNOBLAUCHÖL
- ❏ 300 ml Olivenöl
- ❏ 6 Knoblauchzehen
- ❏ 10 Basilikumblätter

Pasta mit Pesto (Woche 9)

SONSTIGES
- ❏ 500 g Pasta (z. B. Spaghetti)
- ❏ Pfeffer

FRISCH
- ❏ 100 g Tomme-Käse

FÜR DAS PESTO
- ❏ 2–3 Bund Basilikum
- ❏ Das Grün von 1 Bund Radieschen
- ❏ 1 EL blanchierter Mangold
- ❏ 2 Knoblauchzehen
- ❏ 100 ml Olivenöl + ausreichende Menge, um das Pesto im Schraubglas abzudecken
- ❏ 30 g Kürbiskerne
- ❏ Salz, Pfeffer

Pasta mit Sommergemüse (Woche 10)

OBST, GEMÜSE UND KRÄUTER
- ❏ 1 rote Paprikaschote
- ❏ 2 Zucchini
- ❏ 3 Tomaten

SONSTIGES
- ❏ 500 g Pasta
- ❏ 100 g entsteinte Oliven

FRISCH
- ❏ 40 g Parmesan

Gemüselasagne (Woche 11))

OBST, GEMÜSE UND KRÄUTER
- ❏ 10 Tomaten
- ❏ 2 Zwiebeln
- ❏ 3 Knoblauchzehen
- ❏ 2 Auberginen
- ❏ 3 Zucchini
- ❏ 1 Bund Basilikum
- ❏ 1 Handvoll Rucola
- ❏ 1 EL Petersilie
- ❏ 2 TL Oregano oder Thymian
- ❏ 1 grüner Salat
- ❏ Zitronensaft

FRISCH
- ❏ 250 g Mozzarella

SONSTIGES
- ❏ 500 g Lasagnenudeln
- ❏ 4 EL Semmelbrösel
- ❏ Olivenöl
- ❏ Salz, Pfeffer

Pasta mit Oliven und Ziegenkäse (Woche 12)

OBST, GEMÜSE UND KRÄUTER
- ❏ 2–3 Frühlingszwiebeln
- ❏ ¼ Bund Petersilie

FRISCH
- ❏ 200 g Ziegenfrischkäse

SONSTIGES
- ❏ 500 g Spaghetti
- ❏ 100 g schwarze Oliven
- ❏ 1 EL Olivenöl
- ❏ Salz

Ravioli mit Salbei, Gurkensalat (Woche 12)

OBST, GEMÜSE UND KRÄUTER
- ❏ 5–6 Salbeiblätter
- ❏ 1 Gurke
- ❏ Petersilie

FRISCH
- ❏ 800 g frische Ravioli
- ❏ 30 g Butter

FÜR DIE VINAIGRETTE
- ❏ 1 Knoblauchzehe
- ❏ 1 Prise Zitronenschale
- ❏ 1 TL Senf
- ❏ 3 EL Zitronensaft
- ❏ 9 EL Olivenöl
- ❏ 1 TL Crème fraîche

Carbonara (Woche 13)

SONSTIGES
- ❏ 500 g Pasta

FRISCH
- ❏ 4 Eigelb
- ❏ 40 g Parmesan + mehr zum Servieren
- ❏ 150 g Pancetta oder Speck

Reisgerichte

Risotto (Woche 6)

OBST, GEMÜSE UND KRÄUTER
- ❏ 2 Schalotten
- ❏ Petersilie, gehackt, zum Servieren

FRISCH
- ❏ 30 g Butter
- ❏ 2 EL Crème fraîche
- ❏ 125 g Comté, gerieben

SONSTIGES
- ❏ 400 g Risottoreis
- ❏ 1,2 l Eintopfbrühe (oder Brühwürfel + Wasser)
- ❏ 120 ml Weißwein
- ❏ 2–3 Safranfäden
- ❏ 1 Prise Salz

Reisschale, gerösteter Brokkoli und Joghurtsauce (Woche 7)

- ❏ ½ Rezept für Biryani (siehe Woche 7)

OBST, GEMÜSE UND KRÄUTER
- ❏ Röschen von 2 Brokkoli
- ❏ 1 Knoblauchzehe
- ❏ Etwas Oregano oder Thymian

SONSTIGES
- ❏ 30 g Haselnüsse
- ❏ 1 TL Garam Masala
- ❏ 2 TL Olivenöl
- ❏ Salz

FÜR DIE JOGHURTSAUCE
- ❏ 500 g griechischer Joghurt
- ❏ Schale von 1 Zitrone
- ❏ 3 EL Zitronensaft
- ❏ 2 Knoblauchzehen
- ❏ Etwas Oregano oder Thymian
- ❏ Salz

Chicken-Biryani, Cranberrys (Woche 7)

OBST, GEMÜSE UND KRÄUTER
- ❏ 2 rote Zwiebeln
- ❏ 1 Knoblauchzehe
- ❏ 1 cm frischer Ingwer
- ❏ 200 g enthülste Erbsen (TK-Erbsen sind gut geeignet)
- ❏ Koriander und Petersilie, gehackt, zum Servieren

FRISCH
- ❏ 2–3 Tikka-Spieße
- ❏ 30 g Butter
- ❏ 1 EL griechischer Joghurt

SONSTIGES
- ❏ 500 g Basmatireis
- ❏ 70 g Cranberrys
- ❏ 1 EL Garam Masala
- ❏ 1 Bio-Gemüsebrühwürfel
- ❏ 1 Prise Salz

Reisschale, Zucchini-Beignets, Auberginen-Joghurt-Sauce (Woche 11)

OBST, GEMÜSE UND KRÄUTER
- ❏ 3 Zucchini
- ❏ 1 Aubergine
- ❏ ½ Knoblauchzehe
- ❏ 2 ½ EL Petersilie, gehackt
- ❏ 5–6 Basilikumblätter
- ❏ 1 Handvoll Rucola
- ❏ Saft und Schale einer Zitrone

FRISCH
- ❏ 50 g Feta
- ❏ 5 Eier
- ❏ 60 g Parmesan, gerieben
- ❏ 150 g griechischer Joghurt

SONSTIGES
- ❏ 300 g weißer Langkornreis
- ❏ 1 Prise Safranfäden
- ❏ 1 Prise geräuchertes Chili- oder Paprikapulver
- ❏ Olivenöl
- ❏ Salz, Pfeffer

Gebratener Reis mit Safran und Aprikosen, Tomatensalat (Woche 11)

OBST, GEMÜSE UND KRÄUTER
- ❏ 10 Tomaten
- ❏ 1 Aubergine
- ❏ 1–2 Zwiebeln
- ❏ 1 ½ Knoblauchzehen
- ❏ 1 ½ EL gehackte Petersilie
- ❏ Saft und Schale einer Zitrone

FRISCH
- ❏ 150 g griechischer Joghurt

SONSTIGES
- ❏ 300 g weißer Langkornreis
- ❏ 50 g getrocknete Aprikosen
- ❏ 1 Prise Safranfäden
- ❏ 1 Prise geräuchertes Chili- oder Paprikapulver
- ❏ 80 g Cashewkerne
- ❏ Olivenöl
- ❏ Salz, Pfeffer

Gebratener Reis (Woche 12)

OBST, GEMÜSE UND KRÄUTER
- ❏ 325 g dünne grüne Bohnen
- ❏ 150 g enthülste Erbsen (TK-Erbsen sind gut geeignet)
- ❏ 2 cm frischer Ingwer
- ❏ 6 Knoblauchzehen
- ❏ Basilikum
- ❏ Etwas Zitronensaft

FRISCH
- ❏ 2 Eier

SONSTIGES
- ❏ 400 g Langkornreis
- ❏ 1 Prise Zucker
- ❏ 4 EL Sojasauce
- ❏ Olivenöl

Gebratener Reis mit Huhn (Woche 13)

OBST, GEMÜSE UND KRÄUTER
- ❏ 2 Zucchini
- ❏ 2 cm frischer Ingwer
- ❏ 4 Knoblauchzehen
- ❏ Saft von ½ Limette
- ❏ Koriander

FRISCH
- ❏ 2 Hähnchenschenkel vom Freilandhuhn

SONSTIGES
- ❏ 300 g Reis
- ❏ 1 Prise Zucker
- ❏ 4 EL Sojasauce
- ❏ 1 EL Olivenöl

Mit Fleisch

Pochierte Hähnchenbrustfilets, Karotten und Kartoffeln, Würzmittel mit Granatapfel (Woche 5)

OBST, GEMÜSE UND KRÄUTER
- ❏ 4 Karotten
- ❏ 8 Kartoffeln
- ❏ 3 Fenchel

FRISCH
- ❏ 3 Hähnchenbrustfilets mit Bio-Gütesiegel

SONSTIGES
- ❏ 3 Bio-Hühnerbrühwürfel
- ❏ Olivenöl

FÜR DAS WÜRZMITTEL MIT GRANATAPFEL
- ❏ 1 Granatapfel
- ❏ 1 Staudensellerie
- ❏ 1 kleine Handvoll Brunnenkresseblätter
- ❏ ½–1 kleine Chilischote
- ❏ Zitronensaft
- ❏ 150 g grüne Oliven
- ❏ Olivenöl

Eintopf mit Persillade (Woche 6)

OBST, GEMÜSE UND KRÄUTER
- ❏ 1 Stange Lauch
- ❏ 8 Karotten
- ❏ 4 kleine weiße Rüben
- ❏ 1 Staudensellerie
- ❏ 1 Zwiebel
- ❏ 1 Kräutersträußchen (Thymian, Lorbeer, glatte Petersilie)
- ❏ 16 kleine Kartoffeln
- ❏ 1 Spitzkohl (oder 1 kleiner Wirsing)

FRISCH
- ❏ 2,5 kg Schmorfleisch (Im Idealfall eine Mischung verschiedener Stücke: mageres Schulterstück, Schwanzstück, Querrippe etc. Beim Metzger beraten lassen. Wer mag, nimmt auch Markknochen dazu.)

SONSTIGES
- ❏ 10 Pfefferkörner
- ❏ 2 Gewürznelken
- ❏ Senf
- ❏ Cornichons

FÜR DIE PERSILLADE
- ❏ ½ Bund glatte Petersilie
- ❏ ½ Bund Koriander
- ❏ 1 Schalotte
- ❏ Etwas Zitronensaft
- ❏ Etwas Senf
- ❏ Olivenöl
- ❏ Salz, Pfeffer

Tikka-Spieße, Joghurtsauce, Rucola (Woche 7)

OBST, GEMÜSE UND KRÄUTER
- ❏ 2 ½ cm frischer Ingwer
- ❏ 75 g Rucola
- ❏ Einige Minzblätter
- ❏ 1 rote Zwiebel
- ❏ 1–2 Zitronen

FRISCH
- ❏ 5 Hähnchenbrüste oder Hähnchenoberkeulen ohne Knochen

SONSTIGES
- ❏ 1 EL Garam Masala
- ❏ 1 TL Paprikapulver
- ❏ 8–12 Pitabrote

FÜR DIE JOGHURTSAUCE
- ❏ 500 g griechischer Joghurt
- ❏ Schale von 1 Zitrone
- ❏ 3 EL Zitronensaft
- ❏ 2 Knoblauchzehen
- ❏ Etwas Oregano oder Thymian
- ❏ Salz

Gefülltes Gemüse (Woche 12)

OBST, GEMÜSE UND KRÄUTER
- ❏ 8 Tomaten
- ❏ 8 Zucchini
- ❏ 1 rote Zwiebel
- ❏ ½ Bund Basilikum
- ❏ ½ Bund glatte Petersilie
- ❏ 4 Knoblauchzehen
- ❏ Einige Thymianzweige
- ❏ 2–3 Salatherzen zum Servieren

FRISCH
- ❏ 500 g Wurstbrät

SONSTIGES
- ❏ 2 EL Olivenöl
- ❏ 50 g Langkornreis
- ❏ Salz, Pfeffer

FÜR DIE VINAIGRETTE
- ❏ 1 Knoblauchzehe
- ❏ 1 Prise Zitronenschale
- ❏ 1 TL Senf
- ❏ 3 EL Zitronensaft
- ❏ 9 EL Olivenöl

Brathähnchen, Gemüse und Tortillas (Woche 13)

OBST, GEMÜSE UND KRÄUTER
- ❏ 10 Tomaten
- ❏ 4 Zucchini
- ❏ 6 Frühlingszwiebeln
- ❏ 6 Knoblauchzehen
- ❏ Einige Thymianzweige

FRISCH
- ❏ 4 Hähnchenschenkel (Ober- und Unterkeulen) von Freilandhühnern

SONSTIGES
- ❏ 12 Tortillas (oder mehr, je nach Appetit)
- ❏ 300 g Couscous mit Gewürzen
- ❏ Geräuchertes Chilipulver
- ❏ Kreuzkümmelsamen
- ❏ Olivenöl
- ❏ Salz, Pfeffer

FÜR DIE GUACAMOLE
- ❏ 2 Avocados
- ❏ Saft von ½ Limette
- ❏ Koriander
- ❏ Salz, Pfeffer

FÜR DIE TOMATENSALSA
- ❏ 6 Tomaten
- ❏ 2 Frühlingszwiebeln
- ❏ Saft von ½ Limette
- ❏ Olivenöl
- ❏ Geräuchertes Chilipulver
- ❏ Salz

Mit Fisch

Fischauflauf, Salat (Woche 8)

OBST, GEMÜSE UND KRÄUTER
- ❏ 100 g Erbsen
- ❏ 600 g Kartoffeln
- ❏ ½ beliebiger Salat

FRISCH
- ❏ 900 g Fischfilet (z. B. Seehecht)

SONSTIGES
- ❏ Olivenöl

FÜR DIE VINAIGRETTE
- ❏ 2 EL Zitronensaft
- ❏ 1 EL Orangensaft
- ❏ Etwas Zitronenschale
- ❏ 1 EL Olivenöl
- ❏ Salz, Pfeffer

FÜR DAS KNOBLAUCHÖL
- ❏ 300 ml Olivenöl
- ❏ 6 Knoblauchzehen
- ❏ 10 Basilikumblätter

Seehecht, grüne Bohnen und Radieschen, Pesto, Bulgur (Woche 9)

OBST, GEMÜSE UND KRÄUTER
- ❏ 1 kg junge grüne Bohnen
- ❏ ½ Bund Radieschen
- ❏ 1 schöne Zucchini
- ❏ ½ Fenchel
- ❏ Saft und Schale von 1 Zitrone
- ❏ Schale von 1 Orange + Saft von ½ Orange
- ❏ Basilikum

FRISCH
- ❏ 600 g frische Seehechtfilets oder 1 ganzer Fisch (1,2 kg), ausgenommen und abgeschuppt

SONSTIGES
- ❏ 250 g grober Bulgur
- ❏ ¼ Dose Tomatenpüree
- ❏ 30 g Kürbiskerne
- ❏ Olivenöl
- ❏ Salz, Pfeffer

PESTO
- ❏ 2–3 Bund Basilikum
- ❏ Grün von 1 Bund Radieschen
- ❏ 1 EL blanchierter Mangold
- ❏ 2 Knoblauchzehen
- ❏ 100 ml Olivenöl + ausreichende Menge, um das Pesto im Schraubglas damit zu bedecken
- ❏ 30 g Kürbiskerne
- ❏ Salz, Pfeffer

Teigtaschen mit Thunfischfüllung (Woche 13)

OBST, GEMÜSE UND KRÄUTER
- ❏ ⅓ Bund Koriander
- ❏ 1 cm frischer Ingwer

FRISCH
- ❏ 200 g Frischkäse
- ❏ 1 Packung Filoteig

SONSTIGES
- ❏ 2 Dosen Thunfisch in Öl
- ❏ Olivenöl

Geschmortes

Rinderschmortopf mit Kartoffeln und Salat (Woche 1)

OBST, GEMÜSE UND KRÄUTER
- ❑ 2 Zwiebeln
- ❑ 5 Knoblauchzehen
- ❑ 3 Thymian- oder Oreganozweige
- ❑ Einige Petersilienstiele
- ❑ 1 Karotte
- ❑ 1 kg Kartoffeln
- ❑ ⅓ großes Salatherz

FRISCH
- ❑ 1 ½ kg Rindfleisch aus der Schulter und/oder Rinderbeinscheibe (mit Knochen etwas mehr rechnen), in Scheiben geschnitten

SONSTIGES
- ❑ 7 Sardellenfilets in Öl
- ❑ 2 Dosen geschälte oder stückige Tomaten
- ❑ 300 ml Tomatenpüree (passierte Tomaten)
- ❑ 100 g schwarze Oliven
- ❑ 1 Prise Zucker
- ❑ Olivenöl

Würziges Kichererbsen-Tomaten-Spinat-Gemüse, dazu Reis (Woche 1)

OBST, GEMÜSE UND KRÄUTER
- ❑ 2 Zwiebeln
- ❑ Etwas Petersilie

TIEFGEKÜHLTES
- ❑ 330 g TK-Spinat, aufgetaut

FRISCH
- ❑ 300 g griechischer Joghurt

SONSTIGES
- ❑ 2 Dosen geschälte oder stückige Tomaten
- ❑ 800 g Kichererbsen (aus der Dose)
- ❑ 240 g Basmatireis oder Langkornreis aus der Camargue
- ❑ 2TL indische Gewürzmischung (Curry, Garam Masala) + 1 Prise
- ❑ Olivenöl
- ❑ Salz

Gemüsecurry, Reis (Woche 4)

OBST, GEMÜSE UND KRÄUTER
- ❑ 1 Zwiebel
- ❑ 3 cm frischer Ingwer
- ❑ 3 Karotten
- ❑ 2 Stangen Lauch
- ❑ 4 kleine Kartoffeln
- ❑ ¼ Brokkoli
- ❑ 1 Granatapfel
- ❑ 1 Bund Koriander (Blätter und Stiele)

SONSTIGES
- ❑ 100 g Mandeln
- ❑ 3 EL Öl
- ❑ 2 TL indische Gewürzmischung (Curry, Garam Masala)
- ❑ 1 kleine Dose Kokosmilch (250 ml)
- ❑ 300 g Langkornreis
- ❑ 1 TL Salz

Gemüse-Couscous, Merguez (Woche 9)

OBST, GEMÜSE UND KRÄUTER
- ❑ 1–2 Zwiebeln
- ❑ 3–4 cm frischer Ingwer
- ❑ 2 Knoblauchzehen
- ❑ ½ Bund kleine Karotten
- ❑ 2–3 junge weiße Rüben
- ❑ ½ Bund Radieschen
- ❑ 1 schöne Zucchini
- ❑ 2 oder 3 Stücke Orangenzeste

FRISCH
- ❑ 8 Merguez (scharfe Würste)

SONSTIGES
- ❑ 250 g Bulgur oder Couscous mit Gewürzen
- ❑ 2–3 EL Olivenöl
- ❑ 2 TL Ras el-Hanout
- ❑ ¾ Dose Tomatenpüree
- ❑ ½ Dose Kichererbsen
- ❑ 2 Bio-Gemüse- oder Hühnerbrühwürfel
- ❑ Einige Safranfäden

Tarte, Toast & Pizza

Mini-Pizzen mit Birnen und Blauschimmelkäse, Salat (Woche 2)

OBST, GEMÜSE UND KRÄUTER
- ❏ 4 Birnen
- ❏ 1 Zitrone
- ❏ 4 EL gehackter und blanchierter Mangold
- ❏ 1 großer Romanasalat

FRISCH
- ❏ 500–600 g Pizzateig oder Blätterteig
- ❏ 150 g Gorgonzola
- ❏ 1 Ei
- ❏ 150 ml Sahne

SONSTIGES
- ❏ 2 EL gehackte Haselnüsse
- ❏ Olivenöl
- ❏ Muskatnuss
- ❏ Salz, Pfeffer

Pizza mit Kohl, Fenchel und Mozzarella, Salat (Woche 3)

OBST, GEMÜSE UND KRÄUTER
- ❏ 8 Spitzkohl- oder Wirsingblätter
- ❏ ½ Spitzkohl- oder Wirsingherz
- ❏ 2 Salatherzen
- ❏ Zitronensaft zum Anmachen des Salats

FRISCH
- ❏ 500–600 g Pizzateig
- ❏ 300 ml Tomatenpüree
- ❏ 250 g Mozzarella oder Burrata

SONSTIGES
- ❏ ½ TL Fenchelsamen
- ❏ Olivenöl

WÜRZMITTEL MIT CHAMPIGNONS
- ❏ 150 g Champignons
- ❏ 1 Bund Schnittlauch
- ❏ 1 Schalotte
- ❏ 1 TL abgeriebene Zitronenschale
- ❏ 2 EL Zitronensaft
- ❏ 6 EL Olivenöl
- ❏ Salz, Pfeffer

Blätterteigtarte mit Zwiebeln und Blauschimmelkäse, kleiner Brunnenkressesalat (Woche 5)

OBST, GEMÜSE UND KRÄUTER
- ❏ 6 rote Zwiebeln
- ❏ 3 Thymianzweige
- ❏ 1 Bund Brunnenkresse (die Blätter)
- ❏ Zitronensaft

FRISCH
- ❏ 1 Packung Blätterteig
- ❏ 150 g Blauschimmelkäse

SONSTIGES
- ❏ Olivenöl
- ❏ 1 Prise Zucker
- ❏ Salz

FÜR DAS WÜRZMITTEL MIT GRANATAPFEL
- ❏ 1 Granatapfel
- ❏ 1 Staudensellerie
- ❏ 1 kleine Handvoll Brunnenkresseblätter
- ❏ ½–1 kleine Chilischote
- ❏ Zitronensaft
- ❏ 150 g grüne Oliven
- ❏ Olivenöl

Croque Monsieur, Salat (Woche 6)

VOM BÄCKER
- ❏ 1 Landbrot, in Scheiben geschnitten

OBST, GEMÜSE UND KRÄUTER
- ❏ 2 Zwiebeln
- ❏ 1 Romanasalat

FRISCH
- ❏ 8 Scheiben gekochter Schinken
- ❏ 125 g Comté, gerieben
- ❏ 20–30 g Butter

SONSTIGES
- ❏ 1 Prise Salz
- ❏ 1 Prise Zucker
- ❏ Etwas Sojasauce

FÜR DIE PERSILLADE
- ❏ ½ Bund glatte Petersilie
- ❏ ½ Bund Koriander
- ❏ 1 Schalotte
- ❏ Etwas Zitronensaft
- ❏ Etwas Senf
- ❏ Olivenöl
- ❏ Salz, Pfeffer

Quiche mit rohem Schinken, Salat (Woche 8)

OBST, GEMÜSE UND KRÄUTER
- ❏ ½ beliebiger Salat

FRISCH
- ❏ 1 Packung Blätterteig
- ❏ 3 Eier
- ❏ 200 ml Crème fraîche
- ❏ 300 g griechischer Joghurt
- ❏ 150 g roher Schinken

SONSTIGES
- ❏ Muskatnuss
- ❏ Salz, Pfeffer

FÜR DIE VINAIGRETTE
- ❏ 2 EL Zitronensaft
- ❏ 1 EL Orangensaft
- ❏ Etwas Zitronenschale
- ❏ 1 EL Knoblauchöl
- ❏ 5 EL Olivenöl
- ❏ Salz, Pfeffer

FÜR DAS KNOBLAUCHÖL
- ❏ 300 ml Olivenöl
- ❏ 6 Knoblauchzehen
- ❏ 10 Basilikumblätter

Mangoldtarte, Kirschtomaten (Woche 9)

OBST, GEMÜSE UND KRÄUTER
- ❏ 750 g Mangold
- ❏ 1 Knoblauchzehe
- ❏ 2 Schalen Kirschtomaten

FRISCH
- ❏ 2 Packungen Blätterteig
- ❏ 100 g geräucherter Schinken
- ❏ 300 g Tomme-Käse
- ❏ 2 Eier
- ❏ 300 ml Crème fraîche

SONSTIGES
- ❏ Olivenöl
- ❏ Salz, Pfeffer

Gratins

Herbst-Winter-Gratin, Blauschimmelkäse (Woche 2)

OBST, GEMÜSE UND KRÄUTER
- ❏ 5 Kartoffeln
- ❏ 1 Süßkartoffel
- ❏ 3 kleine Stauden Mangold (oder Pak Choi)
- ❏ 2 Schalotten
- ❏ 3 Knoblauchzehen
- ❏ Einige Blätter Romanasalat

FRISCH
- ❏ 100 g Gorgonzola zum Servieren

SONSTIGES
- ❏ Olivenöl
- ❏ Salz, Pfeffer

Geröstetes Herbstgemüse, Mozzarella (Woche 3)

OBST, GEMÜSE UND KRÄUTER
- ❏ 1 kleiner Butternut-Kürbis (ca. 1 kg)
- ❏ ¾ Blumenkohl
- ❏ 4 Spitzkohl- oder Wirsingblätter
- ❏ 1 Rispe Weintrauben
- ❏ 4 Knoblauchzehen
- ❏ 4 Schalotten
- ❏ 1 Prise Oregano

SONSTIGES
- ❏ Salz, Pfeffer
- ❏ Olivenöl

FRISCH
- ❏ 250 g Mozzarella oder Burrata zum Servieren

FÜR DAS WÜRZMITTEL MIT CHAMPIGNONS
- ❏ 150 g Champignons
- ❏ 1 Bund Schnittlauch
- ❏ 1 Schalotte
- ❏ 1 TL abgeriebene Zitronenschale
- ❏ 2 EL Zitronensaft
- ❏ 6 EL Olivenöl
- ❏ Salz, Pfeffer

Ofenkäse und Kartoffeln, Salat (Woche 4)

OBST, GEMÜSE UND KRÄUTER
- ❏ 4 kleine Kartoffeln
- ❏ 1 Romanasalat

FRISCH
- ❏ 1 Mont-d'Or-Käse

SONSTIGES
- ❏ 1 kleines Glas Weißwein (optional)
- ❏ Salz

FÜR DIE VINAIGRETTE
- ❏ Abgeriebene Schale von ½ Zitrone
- ❏ 3 EL Zitronensaft
- ❏ 6 EL Olivenöl
- ❏ Salz, Pfeffer

Brokkoli-Flans, Salat (Woche 4)

OBST, GEMÜSE UND KRÄUTER
- ❏ 2 kleine Brokkoli, in Röschen zerteilt
- ❏ ½ Bund Kerbel
- ❏ 1 Romanasalat

SONSTIGES
- ❏ 1 EL Olivenöl
- ❏ Muskatnuss
- ❏ Salz, Pfeffer

FRISCH
- ❏ 4 Eier
- ❏ 250 ml Sahne
- ❏ 250 ml Milch
- ❏ 85 g Tomme-Käse

FÜR DIE VINAIGRETTE
- ❏ Abgeriebene Schale von ½ Zitrone
- ❏ 3 EL Zitronensaft
- ❏ 6 EL Olivenöl
- ❏ Salz, Pfeffer

Gemüsegratin, Sardinen (Woche 10)

OBST, GEMÜSE UND KRÄUTER
- ❏ 10 Tomaten
- ❏ 4 Zucchini
- ❏ 2 Frühlingszwiebeln
- ❏ 1 Knoblauchzehe
- ❏ ⅓ Bund Basilikum

SONSTIGES
- ❏ Sardinen aus der Dose
- ❏ Olivenöl
- ❏ Salz, Pfeffer

Brote

Knoblauchbrot (Woche 1)

VOM BÄCKER
- ❏ 2 Baguettes

OBST, GEMÜSE UND KRÄUTER
- ❏ ⅓ Bund Petersilie
- ❏ 2 Knoblauchzehen

FRISCH
- ❏ 100 g Butter

Knoblauch-Crostini (Woche 8)

VOM BÄCKER
- ❏ Brot

OBST, GEMÜSE UND KRÄUTER
- ❏ Basilikum

FRISCH
- ❏ 100 g roher Schinken
- ❏ 300 g Feta

FÜR DAS KNOBLAUCHÖL
- ❏ 300 ml Olivenöl
- ❏ 6 Knoblauchzehen
- ❏ 10 Basilikumblätter

Focaccia (Woche 11)

OBST, GEMÜSE UND KRÄUTER
- ❏ 5 gebratene Auberginenscheiben
- ❏ 5 gebratene Zucchinischeiben
- ❏ 1 Rosmarinzweig

FRISCH
- ❏ 250 g Mozzarella
- ❏ 200 g griechischer Joghurt
- ❏ Wurst- oder Schinkenaufschnitt zum Servieren

SONSTIGES
- ❏ 500 g Mehl
- ❏ 15 g frische Bäckerhefe oder 1 Päckchen Trockenhefe
- ❏ 1 TL Salz
- ❏ Olivenöl
- ❏ Fleur de Sel

Mit Ei

Eier im Förmchen auf Champignons (Woche 3)

OBST, GEMÜSE UND KRÄUTER
- ❏ 350 g Champignons
- ❏ 2 Schalotten
- ❏ 1 EL gehackte Petersilie
- ❏ 1 Knoblauchzehe
- ❏ 2 Salatherzen zum Servieren
- ❏ Zitronensaft zum Anmachen des Salats

FRISCH
- ❏ 8 Eier
- ❏ 200 ml Crème fraîche

SONSTIGES
- ❏ 2 EL Olivenöl + Olivenöl zum Anmachen des Salats
- ❏ Salz, Pfeffer

Spiegeleier, Zwiebeln und Chili, Salat (Woche 5)

OBST, GEMÜSE UND KRÄUTER
- ❏ 4 rote Zwiebeln
- ❏ ½–1 Chilischote
- ❏ 1 Bataviasalat
- ❏ Zitronensaft

FRISCH
- ❏ 8 Eier

SONSTIGES
- ❏ Olivenöl
- ❏ Salz, Pfeffer

Omelette mit Ziegenkäse und Kräutern, Rucola (Woche 7)

OBST, GEMÜSE UND KRÄUTER
- ❏ 1 Bund Minze
- ❏ 75 g Rucola
- ❏ Zitronensaft

FRISCH
- ❏ 12 Eier
- ❏ 200 g Ziegenfrischkäse
- ❏ 30 g Butter

SONSTIGES
- ❏ Olivenöl
- ❏ Salz, Pfeffer

Grüne Shakshuka, Feta (Woche 10)

OBST, GEMÜSE UND KRÄUTER
- ❏ 3 Zucchini
- ❏ 200 g enthülste Erbsen (TK-Erbsen sind gut geeignet)
- ❏ ⅓ Bund Basilikum
- ❏ 2 EL Korianderblättchen
- ❏ 1 EL Petersilienblättchen

FRISCH
- ❏ 8 Eier
- ❏ 150 g Feta

SONSTIGES
- ❏ 2 EL Olivenöl

Rote Shakshuka (Woche 11)

OBST, GEMÜSE UND KRÄUTER
- ❏ 2 rote Paprikaschoten
- ❏ 10 Tomaten
- ❏ 2 Zwiebeln
- ❏ 2 Knoblauchzehen
- ❏ 5 Basilikumblätter
- ❏ 150 g Rucola

FRISCH
- ❏ 8 Eier
- ❏ Wurst- oder Schinkenaufschnitt zum Servieren

SONSTIGES
- ❏ 1 EL Olivenöl
- ❏ 1 Prise geräuchertes Chili- oder Paprikapulver
- ❏ 1 Prise Zucker

Omelette, Radieschen mit Butter (Woche 13)

OBST, GEMÜSE UND KRÄUTER
- ❏ 1 Bund Radieschen

FRISCH
- ❏ 12 Eier
- ❏ 100 g Frischkäse
- ❏ 100 g Butter
- ❏ Geriebener Parmesan

SONSTIGES
- ❏ Salz, Pfeffer

Desserts

Eiercreme (Woche 1)

FRISCH
- ❏ 8 Eier
- ❏ 1 l Milch

SONSTIGES
- ❏ 350 g Zucker
- ❏ 1 Vanilleschote

Schoko-Erdnuss-Plätzchen (Woche 2)

FRISCH
- ❏ 200 g gesalzene Butter
- ❏ 2 Eier

SONSTIGES
- ❏ 200 g Zucker
- ❏ 250 g Erdnussmus
- ❏ 340 g Mehl
- ❏ 200 g dunkle Schokolade
- ❏ 120 g gehackte Haselnüsse

Brotpudding (Woche 3)

VOM BÄCKER
- ❏ 1 altbackenes Baguette

FRISCH
- ❏ 100 g Butter
- ❏ 1 l Milch
- ❏ 6 Eier

SONSTIGES
- ❏ 50 g Zucker
- ❏ Orangenmarmelade

Bratäpfel (Woche 4)

OBST, GEMÜSE UND KRÄUTER
- ❏ 12 Äpfel
- ❏ Saft von ½ Zitrone

FRISCH
- ❏ Butter
- ❏ 125 ml Sahne zum Servieren

SONSTIGES
- ❏ 50 g gehackte Mandeln
- ❏ 12 TL Honig
- ❏ Muskatnuss

Pancakes (Woche 5)

FRISCH
- ❏ 4 Eier
- ❏ 500 ml Milch
- ❏ Butter zum Backen

SONSTIGES
- ❏ 400 g Mehl
- ❏ 3 Päckchen Backpulver
- ❏ 2 EL Zucker
- ❏ Ahornsirup zum Servieren
- ❏ Salz

Sandgebäck (Woche 6)

OBST, GEMÜSE UND KRÄUTER
- ❏ Abgeriebene Schale von 1 Zitrone

FRISCH
- ❏ 200 g Butter

SONSTIGES
- ❏ 300 g Mehl
- ❏ 90 g Zucker
- ❏ 1 Prise Salz

Müsli (Woche 7)

OBST, GEMÜSE UND KRÄUTER
- ❏ Abgeriebene Zitronen- und Orangenschale
- ❏ Frische Früchte zum Servieren

FRISCH
- ❏ Joghurt zum Servieren

SONSTIGES
- ❏ 300 Haferflocken
- ❏ 2 EL Olivenöl
- ❏ 2 EL Honig
- ❏ 90 g Haselnüsse
- ❏ 2 EL beliebiges Getreide
- ❏ 2 EL Kokosraspel (optional)
- ❏ 125 g Cranberrys
- ❏ 1 Prise Salz

Scones (Woche 8)

OBST, GEMÜSE UND KRÄUTER
- ❏ 1 TL Orangen- und Zitronenschale

FRISCH
- ❏ 100 g Butter
- ❏ 200 ml Milch
- ❏ Butter zum Servieren

SONSTIGES
- ❏ 400 g Mehl
- ❏ 60 g Zucker
- ❏ 1 Päckchen Backpulver
- ❏ 1 Prise Salz
- ❏ Marmelade zum Servieren

Rhabarbergratin (Woche 9)

OBST, GEMÜSE UND KRÄUTER
- ❏ 1 kg Rhabarber
- ❏ Schale von ½ Orange
- ❏ 2 EL Orangensaft

SONSTIGES
- ❏ 150 g Zucker

FRISCH
- ❏ Crème fraîche, Quark oder Joghurt zum Servieren

Himbeerauflauf (Woche 10)

OBST, GEMÜSE UND KRÄUTER
- ❏ 300 g Himbeeren (TK-Himbeeren sind gut geeignet)

FRISCH
- ❏ 400 ml Crème fraîche
- ❏ 400 ml Milch
- ❏ 8 Eier
- ❏ 10 g Butter zum Einfetten

SONSTIGES
- ❏ 75 g Mehl
- ❏ 75 g Zucker + Zucker zum Bestreuen der Himbeeren
- ❏ 2 EL Grand Marnier
- ❏ 2 EL gemahlene Mandeln

Milchshake (Woche 11)

OBST, GEMÜSE UND KRÄUTER
- ❏ 500 g Erdbeeren
- ❏ Einige Basilikumblätter (optional)

FRISCH
- ❏ 300 g griechischer Joghurt
- ❏ 250 ml Vanilleeis

Geschmorte Früchte (Woche 12)

OBST, GEMÜSE UND KRÄUTER
- ❏ 2 kg gemischte Früchte (Pfirsiche, Pflaumen, Aprikosen)
- ❏ Etwas Zitronenschale

SONSTIGES
- ❏ 1–2 EL Zucker

FRISCH
- ❏ Quark, Sahne, Eis … zum Servieren

Birnen-Brownies (Woche 13)

SONSTIGES
- ❏ 250 g Schokolade
- ❏ 225 g Zucker
- ❏ 130 g Mehl
- ❏ 400 g Dosenbirnen in Sirup

FRISCH
- ❏ 200 g Butter
- ❏ 4 Eier

REGISTER NACH ZUTATEN

DANKE

An Christine, Élise, Pierre, Orathay und Rosemarie.

Datum:
Zubereitung:
Verwendungstag:

Datum:
Zubereitung:
Verwendungstag:

Datum:
Zubereitung:
Verwendungstag:

Datum:
Rezept:
Verbrauchen bis:

Datum:
Zubereitung:
Verwendungstag:

Datum:
Inhalt:
Verbrauchen bis:

Datum:
Zubereitung:
Verwendungstag:

Datum:
Zubereitung:
Verwendungstag:

Datum:
Zubereitung:
Verwendungstag:

Datum:
Inhalt:
Verbrauchen bis:

Datum:
Inhalt:
Verbrauchen bis:

Datum:
Zubereitung:
Verwendungstag:

Datum:
Zubereitung:
Verwendungstag:

Datum:
Rezept:
Verbrauchen bis:

Datum:
Inhalt:
Verbrauchen bis:

Datum:
Inhalt:
Verbrauchen bis:

Datum:
Inhalt:
Verbrauchen bis:

Datum:
Zubereitung:
Verwendungstag:

Datum:
Zubereitung:
Verwendungstag:

Datum:
Zubereitung:
Verwendungstag:

Datum:
Zubereitung:
Verwendungstag:

Datum:
Zubereitung:
Verwendungstag:

Datum:
Zubereitung:
Verwendungstag:

Datum:
Zubereitung:
Verwendungstag:

Bibliografische Information der Deutschen Nationalbibliothek
Die Deutsche Nationalbibliothek verzeichnet diese Publikation in der Deutschen Nationalbibliografie.
Detaillierte bibliografische Daten sind im Internet über https://dnb.de abrufbar.

Für Fragen und Anregungen
info@m-vg.de

Wichtiger Hinweis
Ausschließlich zum Zweck der besseren Lesbarkeit wurde auf eine genderspezifische Schreibweise sowie eine Mehrfachbezeichnung verzichtet. Alle personenbezogenen Bezeichnungen sind somit geschlechtsneutral zu verstehen.

4. Auflage 2025

Türkenstraße 89
80799 München
Tel.: 089 651285-0

Übersetzung: Christa Trautner-Suder
Redaktion: Caroline Kazianka
Umschlaggestaltung: Manuela Amode
Umschlagabbildungen und Fotos im Innenteil: Pierre Javelle
Foodstyling: Christine Legeret, Orathay Souksisavanh
Illustrationen: © Shutterstock
Layout: Sophie Villette
Satz: inpunkt[w]o, Haiger (www.inpunktwo.de)
Druck: Balto Print UAB, Litauen
Printed in the EU

ISBN Print 978-3-7423-0831-3
ISBN E-Book (EPUB, Mobi) 978-3-7453-0466-4